LES

MYSTÈRES

DE LONDRES

PAR

SIR FRANCIS TROLOPP.

XI

PARIS,
AU COMPTOIR DES IMPRIMEURS-UNIS
QUAI MALAQUAIS, 15.

1844

LES
MYSTÈRES
DE LONDRES.

Ce roman ne pourra être reproduit qu'avec l'autorisation de l'éditeur.

Paris. — Imprimerie de BOULÉ et Cⁱᵉ, rue Coq-Héron, 3.

LES
MYSTÈRES
DE
LONDRES

PAR

SIR FRANCIS TROLOPP.

XI

PARIS,
AU COMPTOIR DES IMPRIMEURS-UNIS,
QUAI MALAQUAIS, 15.

1844

QUATRIÈME PARTIE.

LE MARQUIS DE RIO-SANTO.

XXII

ANNA.

La maison du cavalier Angelo Bembo donnait dans Hyde-Park-Corner. C'était une petite habitation mignonne et qui n'avait certes point pris naissance sous la lourde équerre d'un architecte anglais. On reconnaissait dans sa construction un sentiment d'harmonie et d'art, tout à fait étranger à nos maçons de Londres. — Peut-être était-ce l'œuvre d'un de ces pauvres exilés d'Italie, vaincus au jeu puéril et mélodramatique des conspirations du carbonarisme, expiant par la misère l'innocent plaisir d'avoir juré haine à tous les tyrans, sur un poignard, en compagnie de plusieurs agens de police, dans une cave de Naples ou de Rome, pousses étiolées et chétives d'un tronc jadis vaillant, débris enfin, — mais débris poétiques, beaux par eux-mêmes comme hommes, et beaux encore par le sens exquis de tout ce qui est art et beauté.

Il y avait en effet dans cette petite maison,

qui semblait avoir froid et grelotter, la pauvrette, sous la lourde humidité de notre atmosphère, comme un ressouvenir des pures lignes des *ville* florentines. Elle était elle-même une exilée d'Italie, déplacée parmi les brumes de nos contrées, comme les fils affadis et frivoles de l'Italie conquise sont déplacés parmi notre vie positive et la prose pesante de nos affaires.

Bembo avait choisi cette habitation d'instinct et comme on se rapproche d'un ami retrouvé. C'était un souvenir de sa patrie.

Lorsque Angelo ne passait point ses jours auprès du marquis de Rio-Santo, dans Irish-House, il se retirait dans un petit salon, meublé avec un goût exquis, et dont les croisées donnaient sur une terrasse, dominant les ombrages de Hyde-Park. — Sur la terrasse, dont le dôme en vitrage prêtait quelque force aux pâles rayons du soleil britannique, croissaient de belles fleurs, exilées aussi, et répandant, sous le ciel étranger, les languissantes effluves de leurs parfums amoindris.

Tout autour de la salle pendaient de ces toiles, obscures à l'œil vulgaire, mais resplendissantes de génie et qui gardent, après des siècles écoulés, le lumineux reflet de la pensée du maître. — Bembo avait choisi ces tableaux lui-même. — Un gentleman eût passé devant eux cinquante fois, sans y voir autre chose que des couleurs ternies, entourées d'un cadre doré, si Bembo n'eût établi leur authenticité.

Mais Bembo ayant établi leur authenticité, le même gentleman ne pouvait rassasier son lorgnon de leur vue, et Dieu sait qu'il eût donné mille livres du plus médiocre d'entre ces tableaux.

Car Raphael mourrait de faim chez nous s'il n'avait point en poche son acte de naissance. En revanche, un peintre d'enseignes à bière, muni du passeport de Raphael, gagnerait positivement des millions.

Nous sommes des barbares en cravates blanches et en bottes vernies, et la plus sublime comme la plus sincère expression de l'Angleterre artistique est ce touriste qui, dans son admiration éclairée, brisa une des colonne du temple de Diane, afin d'en rapporter un petit morceau à Londres.

On sait du reste qu'en Italie on est obligé de garder à vue les antiques afin d'empêcher John-Bull de leur enlever un doigt ou un orteil pour la décoration de sa cheminée.

Parmi les tableaux qui ornaient les lambris, on remarquait deux admirables portraits, dont l'un représentait Andrea Bembo, sénateur, membre du conseil des Dix et provéditeur de l'archipel au xvie siècle ; l'autre, coiffé de la barrette écarlate, représentait le cardinal Pietro Bembo, le fameux historien de Venise.

En face des fenêtres, il y avait un lit de

jour, autour duquel retombaient abondamment les plis moelleux d'un rideau de soie.

Ce fut là que le cavalier Angelo Bembo conduisit Anna Mac-Farlane, après l'avoir enlevée du *lord's-corner*.

Telle n'avait point été d'abord l'intention d'Angelo, qui voulait ramener la jeune fille à sa famille; mais Anna, brisée de fatigue, n'avait pu supporter sans s'évanouir le choc violent, résultat de sa chute contre le pavé de Belgrave-Lane lorsque le laird, dans sa folie, la prenant pour une funeste apparition, l'avait précipitée loin de lui. Bembo fut obligé de la prendre dans ses bras et de la transporter ainsi dans sa propre demeure. Il ignorait en effet complétement ce qu'était Anna, où elle habitait et quel était le nom de sa famille.

Anna recouvra ses sens au bout de quelques minutes et poussa un long soupir. — Bembo était assis à l'autre bout de la chambre ; Anna, étendue sur le lit de jour, ne pouvait l'apercevoir.

Elle se leva vivement sur son séant et jeta autour d'elle un regard étonné. Ce n'était point la vue des objets nouveaux dont elle était entourée qui causait cette première surprise ; c'était uniquement le fait de se trouver couchée, elle qui passait ses nuits depuis huit jours dans un fauteuil, afin de ne point approcher de ce grand lit à rideaux antiques, dont elle avait une si providentielle frayeur.

Puis l'ameublement de la chambre vint à frapper ses yeux. Elle n'était plus dans cette grande pièce aux vastes fenêtres, dont les hautes boiseries lui avaient semblé si souvent se mouvoir à la lueur douteuse de sa bougie. — Où était-elle?

Une vague expression d'effroi passa dans son regard. Puis sa bouche, dont la pâleur se teignait peu à peu de nuances plus rosées, s'épanouit en un sourire d'enfant. — Elle se souvenait.

— C'est peut-être mon bon ange! murmura-t-elle; — j'avais bien prié hier au soir... c'est Dieu qui l'a envoyé... Que les anges sont beaux, et que leur voix est douce!

Elle appuya sa jolie tête souriante sur sa main. Il n'y avait pas en elle l'ombre d'un sentiment de crainte ou de défiance.

— Je ne rêve pas, reprit-elle en fixant tour à tour ses grands yeux sur les peintures italiennes et sur les draperies des fenêtres ; — je n'ai jamais rien vu de tout cela... Il m'a délivrée. Je voudrais le voir pour lui dire merci...

Bembo, qui écoutait avec ravissement, immobile et retenant son souffle, n'eut garde de répondre à cet appel. — Les traits d'Anna se voilèrent d'un léger nuage.

— Je croyais qu'il n'y avait point d'homme aussi beau que Stephen, dit-elle avec une

sorte de regret ; — je me trompais... Stephen
est auprès de lui ce que sont les autres auprès
de Stephen... Mon Stephen !... qu'il me tarde
de le revoir !

A cette conclusion inattendue, Bembo poussa un profond soupir et refoula l'espoir qui
envahissait déjà son âme.

La voix d'Anna devenait lente et paresseuse ;
ses longs cils battaient sa joue, comme si leur
poids eût été trop lourd pour sa paupière ; ses
yeux perdaient leur éclat et son sourire prenait cette fixité que donne à toute expression
de visage l'imminence du sommeil.

Il y avait si long-temps qu'elle n'avait mis
sa tête sur un coussin, et ses membres mi-

gnons, brisés par la fatigue de huit nuits, avaient tant besoin de repos!

— Je ne dirai pas à Clary que je l'ai pris pour un ange, murmura-t-elle en rougissant légèrement; — Clary me raillerait... Oh! je ne le dirai pas non plus à Stephen! ajouta-t-elle vivement. — Je ne sais... J'ai peur de me retrouver face à face avec lui... Son regard a des feux qui sont doux, mais qui blessent... Stephen ne sait pas regarder ainsi...

Son bras s'affaissa doucement, et sa tête toucha le coussin, tandis qu'elle balbutiait encore :

— Non!... non! je ne dirai pas que je l'ai pris pour un ange...

Le coussin se creusa, faisant un cadre de velours au pur et blanc ovale du visage de l'enfant endormie.

Bembo attendit quelques minutes. Anna ne parlait plus. — On n'entendait que sa respiration égale et douce.

L'aube commençait à dessiner au dehors le grêle feuillage des plantes exotiques qui croissaient sur la terrasse.

Bembo se leva enfin et traversa la chambre sans bruit.

Il était pâle, mais son front rayonnait une joie recueillie. Il s'arrêta au pied du lit de repos et joignit ses mains avec adoration. —

Anna dormait déjà profondément. Sa bouche entr'ouverte montrait deux lignes de pur émail entre lesquelles passait sans bruit le souffle frais de son haleine. Les belles masses de ses cheveux dénoués se confondaient avec le velours des coussins qui repoussait, comme le fond obscur mis à dessein sous un médaillon d'albâtre, les suaves contours de son corps de vierge.

Bembo subissait une sorte d'attraction matérielle dont les effets, lents mais sensibles, le rapprochaient peu à peu de la tête du lit. Sa volonté n'était pour rien dans ce mouvement. Il glissait comme si le tapis eût présenté une pente. — Avant qu'il se fût aperçu de ce déplacement, ses deux mains jointes reposaient sur le velours, tout près de la petite main d'Anna qui, retournée par un de ces bizarres effets de sommeil où le repos complet s'obtient dans des positions gênées et contre nature, offrait sa paume ouverte à demi et semblait attendre une autre main pour la serrer. Et comme cette torsion du poignet, de la part d'une personne debout et éveillée, ne peut s'exécuter que par derrière, le geste d'Anna endormie avait l'air d'un naïf appel de coquette villageoise, faisant un signal d'amour à la dérobée.

Greuze a dû peindre quelque part cette main espiègle, arrondissant ses doigts potelés derrière une fine taille de jeune fille, le sourire aux lèvres et l'œil au guet, tandis qu'une vieille mère tourne ses fuseaux à l'écart, et qu'un amoureux épie l'instant favorable pour déposer dans le creux de la main une lettre attendue ou un rapide baiser.

Bembo se pencha; sa lèvre effleura ces doigts roses dont le modèle exquis ressortait sur la sombre couverture du lit de repos. — Puis Bembo rougit et son front devint triste. — Il recula d'un pas.

Puis encore, il se mit à genoux comme pour demander pardon.

Le jour grandissait, et jetait sa lumière croissante sur ce groupe charmant de jeunesse et de candeur, charmant d'amour et de beauté.

Bembo inclinait en avant son noble et gracieux visage. Ses yeux, tour à tour brillans ou voilés de tendresse, semblaient rivés au sourire d'Anna.

C'étaient deux créatures choisies, faites pour s'aimer, deux têtes angéliques comme les sait rêver le poète à l'heure d'élite où l'inspiration l'élève jusqu'à oublier la terre et comprendre les choses du ciel.

Bembo était bien heureux et ne rêvait point de joie plus grande. Elle était là, devant lui, à sa garde, et il l'avait sauvée. L'avenir en ce moment n'existait point pour lui, l'avenir non plus que le passé. Sa vie entière était le présent, l'amour suave et calme, la quiétude du bonheur.

Il ne pensait point et ne voulait point penser. Son esprit était un riant chaos, et le souvenir et l'espoir se taisaient pour ne point troubler les doux repos de l'heure présente.

Les heures passaient. — Le soleil de midi vint frapper le vitrage de la terrasse. Les fleurs ouvrirent leurs corolles assoupies et mirent dans l'air leurs pénétrans parfums.

Bembo, lorsqu'il sentit l'odeur des myrtes et des orangers, tressaillit légèrement; ses traits s'animèrent, ses lèvres eurent un sourire.

Il se leva pour s'étendre dans un vaste fauteuil qui était au pied du lit de jour. Son regard s'était alangui, sa tête se renversait mollement sur le dossier de son siége ; ses narines, voluptueusement distendues, respiraient avec ivresse les parfums que la terrasse envoyait vers lui par chaudes bouffées.

Et il contemplait toujours Anna par la fente paresseuse de ses paupières closes à demi.

Il y avait en lui autre chose maintenant que du bonheur et du repos, il y avait des désirs et de l'espoir. — Ces fleurs et leurs parfums ui parlaient de l'Italie.

Oh! que d'amour sous ce beau ciel bleu de la Sicile et des Calabres, où l'exil avait conduit son enfance! que d'amour sur ces rivages dorés de l'Adriatique, la mer fiancée de ses aïeux!... Bembo n'était plus déjà en Angleterre; il se perdait avec Anna dans les bois d'orangers de Malte-la-Vaillante ; ses yeux éblouis caressaient le marbre des palais de Palerme ou de Venise, et Anna était encore près de lui...

Ce furent de doux rêves, qui durèrent tout le jour, car la jeune fille, engourdie par sa longue fatigue, ne s'éveilla qu'après le coucher du soleil.

Lorsqu'elle rouvrit les yeux, tout était autour d'elle comme avant son sommeil. La lampe allumée brûlait sur une table et Bembo ne se montrait point. — Le souvenir des événemens de la matinée lui revint vaguement. Elle se leva, ravivée, et rajusta devant une glace les plis froissés de sa robe.

La glace lui montra Angelo, assis derrière le lit, et immobile.

Elle se retourna vivement et baissa les yeux en rougissant. Puis elle traversa la chambre tout à coup et vint s'asseoir auprès de Bembo.

— Je n'ai pas peur de vous, dit-elle doucement; je sais que vous êtes bon... Tout le temps que j'ai dormi, je vous ai vu près de moi... C'était bien vous... J'avais beau changer de rêve, vous étiez toujours là.

Elle s'arrêta court et reprit avec une nuance de tristesse :

—Vous m'avez empêché de rêver à Stephen.

Bembo la contemplait avec ravissement et trouble. C'était de son côté que se trouvait la crainte.

—Le jour va sans doute bientôt paraître, poursuivit Anna qui ne savait pas combien de temps avait duré son sommeil; —y a-t-il loin d'ici Cornhill?

—Je suis prêt à vous conduire auprès de votre mère, répondit Bembo tristement.

— Je n'ai plus de mère, dit Anna qui perdit son sourire; — mais ceux qui m'aiment m'attendent... ma sœur... ma pauvre tante... mon cousin Stephen... Partons vite!

— C'est dans Cornhill que vous voulez vous rendre? demanda Bembo.

— Ne le savez-vous pas? murmura la jeune fille étonnée.

Bembo rougit et garda le silence.

— Vous m'avez dit, reprit Anna, que vous veniez de la part de mon cousin Stephen?

— J'ai menti, madame, répondit Bembo dont le regard devint suppliant ; — je ne connais pas votre cousin Stephen.

Anna se leva, mais son joli visage exprima seulement la surprise sans aucun mélange de frayeur.

— Vous ne connaissez pas Stephen! dit-elle : — mais moi, me connaissez-vous?

Bembo faisait effort pour garder son sang-froid. — Son rêve était fini.

— Je ne sais pas votre nom, madame, répliqua-t-il.

— Je m'appelle Anna... Vous en souviendrez-vous ?

— Il n'est pas en mon pouvoir de l'oublier ! murmura Bembo qui baissa la tête.

— Et vous, reprit la jeune fille en se rasseyant, — dites-moi votre nom, pour que je l'apprenne à Clary et à Stephen.

— Pas à Stephen, dit Bembo.

Il prononça son nom ; la douce voix d'Anna le répéta à plusieurs reprises.

— Je ne l'oublierai pas! poursuivit-elle ; — il est beau comme...

Elle s'interrompit brusquement et devint rouge depuis le front jusqu'aux seins. — Puis elle demeura silencieuse. — Bembo souffrait.

Au bout d'une minute, Anna mit sa main dans celle du jeune cavalier.

— Reconduisez-moi chez ma tante, dit-elle, — qu'importe que vous veniez de la part de Stephen ou de la part de Dieu?

Bembo quitta son siége aussitôt.

— Comme Clary vous aimera! dit encore Anna, tandis qu'ils traversaient le salon pour gagner la porte ; — Clary et Stephen !... Vous viendrez bien souvent nous voir dans Cornhill, n'est-ce pas?

Bembo secoua lentement la tête.

— Quoi! s'écria la jeune fille avec tristesse; — vous ne voulez donc plus me voir?... Vous m'avez délivrée, je le vois bien, parce que vous êtes bon, sans me connaître et comme vous auriez fait pour la première venue..... Venez vite, monsieur; je ne veux pas fatiguer votre bienfaisance.

Pourquoi Anna parlait-elle ainsi? Quiconque lui eût adressé cette question l'aurait certes fort embarrassée.

Quant à Bembo, il avait résolu de cacher

soigneusement ce qui était au fond de son cœur, et le nom de Stephen, souvent prononcé, venait raffermir sans cesse sa volonté chancelante. — A quoi bon trahir son amour? Anna aimait ailleurs; elle était sans doute fiancée. — Et d'ailleurs, ce soir, demain au plus tard, Rio-Santo allait venir lui demander sa vie, à lui qui était à Rio-Santo avant d'être à l'amour.

Ces deux motifs de se taire étaient de nature à influencer puissamment son caractère loyal et chevaleresque. — Mais résiste-t-on jamais jusqu'au bout, quelque motif qu'on ait pour résister, lorsqu'on a vingt ans et que l'amour est de la partie?

Et puis, Bembo, il faut le dire, était là en

face d'une tentation de l'espèce la plus irrésistible. Beaucoup faiblissent lorsqu'ils n'ont qu'à se retenir d'attaquer, et Bembo, lui, avait pour ainsi à se défendre. La naïve reconnaissance d'Anna prenait toutes les allures d'un penchant naissant et qui s'ignore. Point n'eût été besoin d'être aussi fat que les cinq sixièmes de nos gentlemen à la mode, pour voir dans l'expression trop vive de cette reconnaissance tout autre chose qu'un pur et simple mouvement de gratitude.

Mais il n'y avait pas un atome de fatuité dans le caractère du cavalier Angelo Bembo.

S'il céda, c'est qu'il aimait passionnément et qu'il était à bout de forces ; c'est que sa froideur de quelques minutes, si péniblement soutenue, avait épuisé son courage, c'est que son cœur s'élançait vers Anna trop énergiquement pour qu'il pût davantage le retenir.

Aux dernières paroles d'Anna, qui étaient un véritable reproche, Bembo s'arrêta et la regarda fixement. — Il fut quelques secondes avant de répondre, laissant voir sur son expressive et mobile physionomie l'effort du combat qu'il se livrait au dedans de lui-même.

— Madame, dit-il enfin, il y a une semaine que je vis avec vous, que je vis par vous. Je vous ai délivrée parce que je vous aime... et, parce que je vous aime, je vous vois aujourd'hui pour la dernière fois.

— Vous m'aimez, Angelo ! répéta miss Mac-

Farlane avec son charmant sourire ; je suis heureuse que vous m'aimiez.

— Vous ne me comprenez pas, murmura Bembo.

— C'est vrai, dit Anna; je comprends qu'on délivre une personne qu'on aime et qu'on voit souffrir... mais pourquoi l'éviter ?

— Pour ne plus l'aimer, répondit Angelo.

La figure d'Anna prit un aspect pensif.

— J'ai peur de vous comprendre maintenant, dit-elle tout bas.

— C'est que vous me comprenez, Anna... Et vous voyez bien qu'il me faut vous quitter.

—Oh! oui, murmura miss Mac-Farlane dont la tête se pencha sur sa poitrine ; — je ne pourrais pas vous aimer autrement que comme votre sœur... J'aime Stephen... je suis bien sûre de l'aimer.

Elle prononça ces derniers mots d'une voix distraite; puis elle reprit, comme si elle se fût éveillée tout à coup :

— Je suis bien sûre de l'aimer... j'en suis bien sûre.

Les yeux d'Anna étaient baissés, et il y avait une sorte de doute dans cette affirmation répétée sans motif.

Bembo avait beau n'être point fat, il savait

le monde. — Il eut en ce moment un vague espoir, parce qu'il crut comprendre qu'Anna ne connaissait point le fond de son propre cœur.

Elle lui tendit encore sa main, et répéta d'une voix bien triste :

—Reconduisez-moi dans Cornhill.

Bembo la fit monter en voiture. — De Pimlico jusqu'à Cornhill Anna ne prononça pas une parole ; mais plus d'une fois Bembo crut l'entendre soupirer douloureusement.

Lorsqu'ils arrivèrent devant la porte de mistress Mac-Nab, Bembo descendit de voiture afin d'offrir sa main. Anna sauta résolument sur le trottoir, puis elle s'arrêta indécise.

—Adieu, madame, dit Bembo.

— Adieu, murmura la jeune fille.

Bembo crut voir une larme briller dans ses yeux à la lueur des réverbères.

Elle hésita encore durant un instant.

—Adieu ! adieu ! répéta-t-elle ensuite précipitamment.

Elle souleva le marteau de la porte et entra sans se retourner.

Bembo était remonté dans la voiture.

Il était alors environ dix heures. —Stephen venait de sortir avec Angus Mac-Farlane pour se rendre chez Frank Perceval, ainsi que nous l'avons dit.

Mistress Mac-Nab était seule. Nous n'essaierons point de peindre la joie de la pauvre dame, mais nous dirons qu'Anna répondit par des larmes aux embrassemens de sa tante.— Et pourtant elle ne savait point encore le sort de Clary.

Pensait-elle au beau cavalier Angelo Bembo, qui l'aimait, qui l'avait sauvée et qu'elle ne pouvait plus revoir ?...

XXIII

LE CABINET DU DOCTEUR.

Tyrrel l'Aveugle et le docteur Moore étaient réunis dans le cabinet de ce dernier. Il était dix heures du matin environ.

Moore écrivait à son bureau. Tyrrel prenait le thé auprès de la cheminée.

C'était le lendemain des événemens racontés aux précédens chapitres.

— Docteur, dit Tyrrel en achevant sa tasse de thé avec une grimace de dégoût, — je ne puis jamais boire ni manger quelque chose sortant des mains de ce diable de Rowley sans penser à mon heure dernière... C'est un triste chef de cuisine que vous avez là, sur ma parole!... Vous ne m'avez pas dit votre avis sur mon histoire de Brian de Lancester.

— C'est fort adroit, répondit Moore avec distraction; vous en vouliez à cet étourdi de Lancester?

— Il y avait de quoi, docteur, il y avait de quoi... Si Brian, — que Dieu le confonde! —

n'était point venu flairer mon coffre-fort dans Goodmans-Fields, Suky n'en serait point tombée amoureuse, partant, elle aurait pris pour amant Sa Grâce le prince Dimitri Tolstoï, — d'où il suit que je n'aurais point essayé de contrefaire, pour cinq mille misérables roubles, la signature de Sa Grâce, — en sorte que je n'aurais point eu occasion d'assommer ce pauvre diable de Roboam, qui n'aurait eu garde de me lier et d'aller chercher le magistrat : conséquence rigoureuse, je n'aurais pas été pendu. — Or, docteur, si charmant que soit votre antidote contre la corde, je vous jure qu'on passe dans Old-Bailey un quart d'heure pitoyable... Outre cela, j'ai une vieille dent, voyez-vous, contre l'honorable fou... C'est lui qui soutenait de ses deniers la comtesse de White-Manor à Londres, et si elle l'avait cru, j'aurais été forcé bien vite de plier bagage... Mais la sotte femme avait si grande frayeur de moi, que jamais Brian ni personne n'a pu tirer d'elle mon nom ou la retraite de sa fille... Je lui avais dis que je tuerais l'enfant...

— Je ne savais pas, interrompit Moore, que Brian eût été l'amant de la femme de son frère.

— Son amant! s'écria Tyrrel; — Lancester l'amant de la comtesse! Ah! docteur, vous pensez à quelque diablerie, je veux le gager, mais vous ne pensez pas à ce que vous dites... Brian est un fou d'espèce chevaleresque... Il ne parlait jamais à la comtesse qu'avec le ton qu'on prend avec une reine, et...

— Assez ! dit Moore ; cela m'est égal.

— A la bonne heure... j'en dis autant pour ma part... Quant aux deux jeunes filles, vous m'avez demandé mon plan : le voici... Nous les expédierons toutes deux de compagnie à notre maison de plaisance de Crewe, avec Maudlin et deux beaux garçons... Dans un an, elles nous reviendront formées, sinon... Il sera toujours temps, docteur.

Moore fit un signe d'affirmation indifférente.

— Ah ça ! reprit Tyrrel, vous ne m'avez

pas raconté les détails de votre partie avec M. le marquis de Rio-Santo.

Le front du docteur se plissa tout à coup à cette question.

— J'ai fait ce que j'ai pu, répondit-il.

— Et qu'avez-vous pu, docteur ?

— Rien !

Moore prononça ce mot d'un ton sec, comme s'il eût voulu éloigner tout d'un coup ce sujet d'entretien. Néanmoins, il y revint de lui-même, et ajouta en haussant les épaules :

— Et après tout, que nous rapporterait la mort de cet homme ?

— Bien ! bien ! murmura Tyrrel, les raisins sont trop verts... Docteur, poursuivit-il à voix haute, mon avis a toujours été qu'on trouverait difficilement un chef aussi avisé que le marquis... Mais vous vouliez occuper son poste, et je conçois cela; or, ce que vous voulez, j'ai pris l'habitude de le vouloir... Quant à son secret, nous le lui prendrons bien quelque jour.

— Son secret ! répéta Moore dont les yeux brillèrent.

Au moment où Tyrrel ouvrait la bouche pour répondre, le front étroit et luisant de maître Rowley se montra sur le seuil. L'aide empoisonneur avait sous le bras droit son in-quarto favori, et tenait une lettre dans la main gauche.

A son aspect, Tyrrel se boucha précipitamment le nez, ce qui porta l'aide-pharmacien à grommeler entre ses dents avec dédain son éloquente exclamation :

— Ta ta ta ta !

Ce soin rempli, Rowley traversa tout doucement l'espace qui le séparait de son maître, et mit devant lui la lettre qu'il tenait à la main.

— Allons, maître, allons! dit Tyrrel avec impatience.

Rowley comprit parfaitement qu'on l'invitait à porter ailleurs ses parfums de laboratoire ; mais, au lieu de sortir, il tira prestement de sa poche un petit flacon de forme allongée et marcha sur Tyrrel.

Celui-ci, d'instinct, saisit le poker pour se mettre en défense.

— Ta ta ta ta ! fit Rowley en riant de bon cœur, je vous demande pardon, gentleman... Je n'avais pas remarqué que vous interceptiez à l'aide de vos doigts le libre passage de l'air dans le tuyau naturel formé par les cavités de vos narines... ta ta !... ce qui donnait à votre voix, gentleman, un son nasal et enrhumé, symptôme particulier de l'indisposition connue sous le nom de coriza...

Il fit grincer tout à coup le bouchon de verre de sa fiole et l'approcha du nez de Tyrrel, qui éternua bruyamment.

— Dieu vous bénisse ! gentleman ; — si vous aviez été enrhumé du cerveau, cela vous aurait fait grand bien, comme vous voyez...

Moore, en ce moment, froissa la lettre qu'il venait de lire et laissa échapper une sourde exclamation de colère.

— Sortez ! dit-il à Rowley.

Celui-ci fit un grand et humble salut. Puis il se dirigea vers la porte tout doucement, et murmura, sur le seuil, en lançant à Tyrrel une triomphante œillade :

— Ta ta ta ta !

— Qu'y a-t-il donc, docteur ? demanda Tyrrel.

— Il y a que la fatalité s'en mêle ! s'écria Moore avec une véritable rage ; — je ne suis plus rien... pas même un médecin habile, à ce qu'il paraît.

Il rajusta la lettre froissée, qui était de lady Campbell, et lut pas saccades rapides :

« Monsieur le docteur,

» Vous partagerez, j'en suis convaincue, la joie que nous ressentons. Depuis deux jours que nous sommes privées de l'honneur de vous voir, il s'est passé d'heureuses choses à

Stewart-House. Le mal affreux dont ma nièce était frappée a paru céder hier matin. Aussitôt nous avons mandé, à cause de votre absence, le docteur Hartwell, médécin ordinaire de lady Stewart... »

— Hartwell! interrompit ici Moore avec un sourire amer; — un empyrique!... un ignorant!... un pédant!...

— Un âne, dit froidement Tyrrel; — voyons la fin.

Moore était, assurément, un homme de grande pénétration, mais il n'existe point sur la surface entière du globe un médecin que la jalousie ne travaille et n'aveugle. Pour ne point chagriner trop les médecins, nous ajouterons que notre observation s'applique également et rigoureusement aux hommes de loi, aux jolies femmes, aux artistes, aux aréonautes, et par dessus tout à l'irritable et vain troupeau des poètes. Moore était médecin ; il se voyait blessé au vif dans son orgueil de médecin ; le dépit lui mettait un voile sur la vue, et il était incapable de saisir ce qu'il y avait de sarcastique dans l'interruption de Tyrrel.

— Un âne ! répéta-t-il avec toute la bonne foi de la colère ; — vous avez trouvé le mot Ismaïl ; — où en étais-je ?... Cette sotte lettre me met hors de moi, sur ma parole !...

« ... Médecin ordinaire de lady Stewart... »

— Cela ne prouve pas en faveur du goût de milady, sur ma foi !...

« ... De lady Stewart... M. Hartwell est arrivé sur-le-champ... »

— Je le crois bien, pardieu!... les gens comme lui sont toujours disponibles!...

«... Sur-le-champ, et a commencé une série d'applications dont le succès a été complet. Notre chère Marie revit ; Dieu a eu pitié de nous, en faisant de M. Hartwel l'instrument de sa miséricorde !... »

— C'est-à-dire, s'écria Moore, que ce misérable Hartwell est venu là juste à point pour profiter des effets de mon traitement... Mais il y a un *post-scriptum*... Je n'ai pas lu le *post-scriptum*.

« P. S. Vous comprenez, monsieur le docteur, qu'en ces conjonctures il serait désormais inutile de quitter vos importans travaux pour visiter miss Trevor, qui peut se passer de vos soins. »

Moore déchira la lettre avec fureur.

— Un congé! s'écria-t-il ; — un congé en forme!... Craignait-elle donc que je retournasse chez elle après cette lettre impertinente?... Oh! cela est fait pour moi, Ismaïl!... Une catalepsie parfaitement caractérisée qui se résout d'elle-même et comme une syncope ordinaire!... C'est un hasard diabolique!

— Cette miss Trevor est la fiancée de Rio-Santo ? dit Tyrrel.

— Oui... j'aurais parié dix mille livres qu'elle était perdue ! C'est sa fiancée en effet... Cela fait partie de son grand projet, — de son secret ; — il veut acquérir par ce mariage l'éventualité d'une pairie... Pourquoi ?... c'est ce que nous ignorons.

— C'est ce que nous saurons, docteur, avec de la patience et du temps.

Moore ne répondit point, mais Tyrrel put l'entendre murmurer entre ses dents convulsivement serrées :

— Une catalepsie qui finit comme une migraine !... Hartwell, le misérable ! qui va se vanter partout d'avoir guéri une catalepsie !...

Il se fit dans la chambre voisine un bruit

de pas lourds, et la voix grave de notre honnête ami le capitaine Paddy O'Chrane s'éleva, montée à peu de chose près jusqu'au diapason de l'impatience.

— Que Dieu me damne! disait-elle, tête à perruque obtuse, mon digne monsieur, je vous répète pour la sixième fois : *Gentleman of the Night!*

— Ta ta ta ta! répondait le bénin fausset de Rowley.

— Ta ta ta ta! tempête!... Ta ta ta ta! trois millions de blasphèmes! que vaut dire ta ta ta ta, puant coquin que vous êtes, de par Satan, monsieur, et ses cornes, misères! Soyons pendus tous les deux!... Je vous répète, que l'enfer me brûle! *gentleman of the Night...* Laissez-moi passer!

Tyrrel n'eut point de peine à reconnaître cette voix et ce style énergique. Il se levait pour aller à la rencontre du capitaine, lorsqu'un dernier ta ta ta ta, prononcé par Rowley, fut suivi d'un bruit de lutte, parmi lequel s'élevaient çà et là des blasphèmes du choix le plus heureux.

Presque en même temps un violent coup de pied ouvrit à la fois les deux battans de la porte, et Rowley, lancé avec la raideur d'un boulet de canon, vint tomber à plat-ventre au milieu de la chambre, accompagné dans sa chute par le tome Ier des *Toxicological Amusements*.

Le capitaine Paddy O'Chrane se courba pour ne point heurter son chapeau contre la saillie de la porte et fit gravement son entrée.

— Que signifie tout ce bruit, monsieur? demanda Moore en fronçant le sourcil.

— Que Dieu nous damne tous, répondit O'Chrane en soulevant son chapeau, j'ai l'honneur de saluer respectueusement Vos Seigneuries... Pour ce qui est du bruit, je ne suis pas homme à faire du bruit, Satan et sa femme, milords!... et je connais plus d'un garçon paisible qui, à ma place, eût brisé ce crâne chauve comme une coque de noix, trou de l'enfer, — que diable!

Rowley demeurait à terre, immobile,

aplati, complètement terrifié. Il ne songeait même pas à relever son in-quarto bien-aimé, dont la reliure en parchemin était déplorablement écornée.

Paddy le toisait de cet air tranquille et dépourvu d'orgueil qui va si noblement aux triomphateurs.

Le visage irrité du docteur annonçait l'imminence d'une violente sortie. Ce savant homme était ce matin-là d'une humeur détestable, Tyrrel voulut s'interposer.

— Eh bien, Paddy?... commença-t-il.

Mais Moore se leva brusquement.

— Qu'est-ce à dire ? s'écria-t-il; — allons-nous parlementer avec ce rustre ?... Sortez, monsieur !

Paddy redressa aussitôt sa longue et raide taille, fit un demi-tour et se dirigea vers la porte au pas accéléré en disant :

— Comme il vous plaira, tonnerre du ciel !

— Mais il venait sans doute porteur d'un message, dit Tyrrel en s'élançant vers le capitaine ; asseyez-vous à votre bureau, docteur, et laissez-moi traiter cette affaire... Qui vous amène, Paddy ?

Celui-ci s'arrêta, fit un second demi-tour et jeta vers Moore un rancuneux regard.

— Ce n'est pas, répondit-il avec son merveilleux don de dire à chacun des injures sans perdre un atome de sa bonhomie flegmatique ; — ce n'est pas l'envie de voir le jaune visage de ce respectable lord qui m'amène, ou je veux être damné !.. Quand je serai trop vieux, cornes d'un bouc ! pour gagner mon beefsteak du matin, mon roastbeef du midi, mon pudding de cinq heures et mon *cold-without* du soir, misères! je me mettrai entre les mains de Sa Seigneurie, afin qu'elle m'envoie, damnation éternelle ! au plus juste prix dans l'autre monde... C'est son métier, Dieu nous punisse ! je pense.

Moore avait tourné le dos et tâchait de ne point entendre.

— Voyons, capitaine, dit Tyrrel sévèrement, venons au fait, je vous prie.

— Venons au fait, milord... Je veux bien avoir affaire à vous, qui êtes un homme sachant vivre, bien que, — c'est la vérité, feu de l'enfer ! — bien que vous ressembliez trait pour trait à un juif que j'ai vu pendre devant Newgate, — et qui avait la figure d'un triste coquin, milord... Vous ne dites pas, vous, à un gentilhomme de sortir ! vous ne traitez pas de rustre, soyez damnés vous et moi, que diable ! et tout le monde ! — un homme qui a commandé honorablement le sloop le *Hareng* frété par...

Tyrrel frappa du pied et prit cet air terrible qui faisait jadis trembler Susannah et Roboam. — Paddy O'Chrane le considéra curieusement.

— Par Gween et Gwenn de Carlisle, milord, acheva-t-il sans se presser ; je crois, tonnerre du ciel ! que Votre Seigneurie éprouve quelque contrariété ?...

Tyrrel croisa ses bras sur sa poitrine et prit un air de résignation.

— En somme, dit-il, vous êtes venu pour quelque chose... Y a-t-il du nouveau dans White-Chapel ?

— Je veux mourir si je le sais, milord, mourir comme un chien, dans le ruisseau !...

Quant à être venu pour quelque chose, par la corde qui peut nous serrer le cou quelque jour, si c'est la volonté du diable, — misère! — vous devinez juste... Je suis venu parce qu'il n'y a personne au *Purgatoire*... personne d'honnête, s'entend ; car il y a une centaine de démons et autant de furies qui hurlent dans le trou comme des bienheureux... je suis venu, parce qu'il faut que je parle à un lord de la Nuit, ayant des nouvelles de la plus haute importance à communiquer, — que le diable nous emporte! — et que j'ignore, comme tout le monde, où est la maison de Son Honneur.

Paddy remonta son col de crin, non sans mettre dans ce mouvement toute la dignité qu'il comporte, et tendit son maigre et long jarret revêtu d'un fourreau de couleur chamois.

— Et quelles sont ces nouvelles ? dit Moore sans se retourner.

— Que Dieu nous punisse ! répondit O'Chrane, il serait bien osé à un rustre de ma façon de parler à un personnage vénérable comme est Votre Seigneurie... Milord, ajouta-t-il en s'adressant à Tyrrel, Jédédiah Smith, l'hypocrite coquin, auquel je dois respect comme à mon supérieur, m'envoie vers vous afin que vous sachiez où nous en sommes du trou de Prince's-Street.

— Et où en sommes-nous? dit Moore vivement.

Paddy, au lieu de répondre, se baissa tranquillement et saisit par l'épaule le malheureux Rowley, qui se frottait les côtes sur le tapis, en constatant le dommage éprouvé par son in-quarto chéri. Paddy le releva, lui imprima un mouvement de rotation et lui fit passer le seuil du cabinet en un clin d'œil, de telle sorte que Rowley, lorsqu'il s'arrêta, étourdi, au milieu de la chambre voisine, crut voir les quatre murailles tourner autour de lui, et ne put exprimer sa stupéfaction que par son ta ta ta ta, prononcé, il est vrai, d'une façon particulière et faite pour donner à penser à ceux qui l'auraient entendu.

Paddy avait fermé la porte du cabinet.

—Jédédiah Smith, dit-il sans plus de préambules, — vous fait savoir, milords, que la besogne est achevée.

Moore se leva et ne prit point la peine de cacher sa joie.

— Quoi! s'écria-t-il, la galerie est achevée?

— Tout à fait achevée? ajouta Tyrrel en se frottant les mains.

— Oui, milords, et, — cornes de Belzébuth! — il était temps, je vous le jure sur ma part du paradis, ou sur toute autre chose moins chanceuse, soyons tous damnés!... le pauvre bon garçon de Saunder est à moitié mort à l'heure où je vous parle.

— On l'enterrera, dit Moore.

— Sans doute, charlatan du diable! grommela Paddy scandalisé; — j'en dis autant de tes pratiques.

L'annonce de l'entier percement de la communication établie entre le magasin de soda-water de Prince's-Street et les caves de Royal-Exchange était, comme on sait, impatiemment attendue par tous les lords de la Nuit. Il y avait long-temps que les membres influens de la *Famille* comptaient sur cet immense coup de filet pour emplir jusqu'aux bords la caisse commune. Tyrrel et Moore se firent donner tous les détails nécessaires.—L'Eléphant était parvenu la nuit précédente au niveau des caves, et un coup de pioche donné sans précaution avait jeté en dehors du tunnel une pierre. Le trou produit par la chute de cette pierre communiquait avec l'un des celliers de la Banque.

Comme s'il eût attendu ce moment, Saunder était tombé comme une masse devant le trou, haletant et baigné d'une sueur froide. Paddy, qui aimait l'Eléphant comme un gardien de ménagerie aime le lion ou le tigre qu'il est chargé de nourrir, avait essayé de le relever pour le conduire jusqu'à son lit. Peine inutile : pour soulever Saunder, il eût fallu un cric ou une machine à mâter.

De sorte que le malheureux géant était couché, mourant, sur la terre froide de la galerie.

Tout ce qu'avait pu faire pour lui le charitable Paddy O'Chrane, c'avait été de mettre à sa portée l'énorme cruche de gin.

Lorsque le capitaine eut fini son rapport, il aligna quatre jurons en guise de paraphe final et se tut.

Tyrrel et Moore se mirent aussitôt à écrire des lettres sur le bureau.

— Mon brave garçon, dit Moore, il faut que vous portiez sur-le-champ ce billet dans Belgrave-Square, à M. le marquis de Rio-Santo.

O'Chrane prit la lettre.

— Je porterai cela où l'on voudra, tonnerre du ciel ! répondit-il, — mais où diable Votre

Seigneurie a-t-elle appris que je fusse un brave garçon?... J'ai connu de vrais lords, Satan et sa queue ! qui m'appelaient tout au long capitaine...

Toute la maison du docteur fut mise en réquisition pour porter à leur adresse des lettres semblables à celle dont on venait de charger Paddy. Rowley lui-même fut dépêché vers S. Boyne, esq., en toute hâte, avec injonction de trouver, coûte que coûte, cet honorable employé de la police métropolitaine.

Madame la duchesse de Gèvres, que son titre ne rendait point fière et qu'on trouvait toujours prête dans les grandes occasions, comme si elle se fût appelée encore Maudlin Wolf, reçut mission de se rendre à la Banque, pour faire tenir une lettre de Tyrrel à sir William Marlew, le sous-caissier central.

Restés seuls, Moore et Tyrrel rapprochèrent leurs siéges et commencèrent une conversation à voix basse, bien que personne ne fût là pour surprendre le mystère de leurs paroles. Cet entretien fut long. Quand ils se levèrent, Tyrrel dit en mettant sa main sur le bras du docteur.

— Quoi qu'il arrive, croyez-moi, laissez-le mener complétement cette affaire… après, on pourra voir.

— Mais s'il a le dessein, comme je le crois, objecta Moore, de faire de la *Famille* et de nous-mêmes les instrumens de ses desseins secrets... si tous ces monceaux d'or ne tournaient qu'à son profit ?...

— Si tous ces monceaux tournent à son profit, docteur, répondit en riant Tyrrel, vous avez tout ce qu'il faut pour lui faire rendre gorge... Maintenant, partons vite pour White-Chapel, s'il vous plaît, ou nous arriverons en retard.

Ils sortirent ensemble. Tyrrel ferma derrière lui toutes les portes à double tour.

Quelques secondes après leur départ, la porte qui donnait du cabinet dans la chambre où Clary avait été confinée, et que Tyrrel n'avait point fermée parce qu'elle n'avait aucune communication avec le dehors, s'ouvrit doucement pour livrer passage à Susannah.

La belle fille traversa vivement le cabinet et pesa sur le pène de l'autre porte par où Moore et Tyrrel étaient sortis.

Elle secoua la tête en souriant.

Puis elle disparut pour revenir bientôt avec Clary Mac-Farlane, dont elle soutenait avec une gracieuse et charmante sollicitude la démarche chancelante.

XXIV

LA CHAINE.

Clary Mac-Farlane était bien changée. Les traces du long et cruel martyre qu'on lui avait fait subir se voyaient sur son visage pâle et amaigri ; sa taille, naguère si charmante en ses juvéniles proportions, se pliait, affaissée ; elle marchait avec peine et lenteur.

Elle était belle encore ainsi pourtant, mais belle de cette beauté qui serre le cœur et fait compassion. — Si Angus, son père, l'eût aperçue en ce moment, il se fût rappelé avec larmes les derniers jours de la pauvre Amy Mac-Farlane. Amy était ainsi, blanche et faible, et bien belle encore, alors que déjà son pied trébuchait sur le bord de sa tombe.

Mais Amy souriait à sa mort prochaine et n'avait de pleurs, la sainte et douce femme, que pour l'avenir de ses enfans. Mourante, elle gardait sur ses traits ce calme suave et serein des jours de son bonheur.—Clary, elle, avait quelque chose d'égaré dans les yeux :

l'horrible choc imprimé à son système nerveux mettait à ses traits des tressaillemens soudains et douloureux. Sa bouche s'ouvrait parfois pour prononcer des paroles inexplicables.

Et le dépérissement physique et moral de cette enfant naguère si belle était plus frappant, et semblait plus complet auprès de la splendide jeunesse de Susannah, qui, robuste dans sa grâce exquise, éblouissante de sève, rayonnait l'intelligence généreuse, la noblesse de l'âme et tous les charmes choisis et toutes les victorieuses séductions qui peuvent couronner, comme une auréole divine, le front virginal d'un chef-d'œuvre de Dieu.

La tristesse éprouvée à l'aspect de Clary se

fût changée en attrait irrésistible et délicieux à la vue de Susannah, parce qu'elle était là comme un bon génie veillant sur la faiblesse et la souffrance, parce que son sourire, bienfaisant, tendre, consolateur, semblait descendre comme un baume sur la blessure cachée de la malade, parce que chaque fois que Susannah parlait, bien doucement et comme parle une jeune mère, penchée sur le berceau de son enfant, la pauvre Clary se prenait à revivre.

Elles entrèrent toutes deux dans le cabinet du docteur Moore. Susannah, les deux bras passés autour de la ceinture de Clary, la soutenait et lui donnait courage. Presque à chaque pas, la belle fille mettait au front pâle de miss Mac-Farlane un baiser caressant, et courbant son langage à ces formes mignardes qu'on emploie pour calmer les enfans qui souffrent, elle tâchait de rendre quelque ressort à l'esprit immobilisé de Clary.

— Voilà que vous marchez toute seule, chère petite sœur, dit-elle en franchissant le seuil du cabinet. Je n'ai presque plus besoin de vous soutenir... Savez-vous, Clary, que nous sommes maîtresses ici toutes deux ?... on nous a enfermées ; mais j'espère bien trouver une route qu'ils n'ont point songé à barricader... Asseyez-vous, ma belle Clary, et reprenez haleine.

Miss Mac-Farlane se laissa tomber dans le fauteuil de Tyrrel avec un soupir de lassitude.

Son œil languissant, et agrandi par la maigreur de ses joues, se tourna vers Susannah et eut une fugitive expression de reconnaissance, pour redevenir morne aussitôt.

— J'étais à ses côtés, murmura-t-elle, — et j'étais bien heureuse, car il m'aimait..... Anna est venue... Il s'est mis aux genoux d'Anna... Mon cœur s'est brisé !...

Sa bouche se contracta et son œil trembla comme il arrive au moment où les larmes sont près de jaillir.

— Mais j'aime encore Anna! poursuivit-elle ; — je ne lui dirai pas qu'elle m'a tuée...

La belle fille s'assit auprès d'elle et l'attira sur son cœur.

— Et vous faites bien de l'aimer, ma chère petite sœur, dit-elle, car elle est bonne comme vous... pauvre enfant! Ne voyez-vous pas que tous ces tristes souvenirs qui vous font tant de mal ne sont que des rêves!... Ils ont torturé votre âme, les cruels, encore plus que votre corps... Ecoutez-moi, Clary, ma belle Clary, vous allez être libre... Ne songez plus aux tristes visions qui ont tourmenté votre solitude... Tout cela n'est que mensonge, ma sœur...

— Je l'ai vu! murmura miss Mac-Farlane en frissonnant.

Puis elle ajouta d'une voix sourde :

— Je sais une longue histoire... Notre nourrice nous la contait en Écosse... La jeune fille s'appelait Blanche, et le fils du laird avait nom Bertram... Bertram de Jedburg... Blanche aimait le fils du laird...

Clary s'interrompit et baissa les yeux.

— Après? dit Susannah en riant.

— Après? répéta Clary qui releva ses paupières et fixa son regard dans le vide; — oh! chacun sait ce qui arriva... Blanche aimait le fils du laird... Blanche l'aimait tant qu'elle le tua.

La tête de Clary se pencha sur sa poitrine. Sa main, qui était dans celles de Susannah, devint humide et glacée.

La belle fille redoubla de caresses et de douces consolations. Il y avait en elle une force de persuasion si pénétrante, qu'elle agit à la longue sur le cœur fermé de la pauvre Clary. Le charme opéra. Miss Mac-Farlane, ramenée un instant à la vie, jeta ses deux bras autour du cou de Susannah, et lui dit merci en pleurant.

Susannah profita de ce moment lucide.

— Vous voilà reposée, ma petite sœur, dit-elle; — ne voulez-vous point venir embrasser Anna?

— Anna! répéta Clary;—qui sait ce qu'elle est devenue, mon Dieu!... Oh! venez, madame, venez bien vite, et tâchons de la retrouver.

Miss Mac-Farlane s'était levée d'elle-même. Susannah se hâta de la soutenir, et lui fit quitter la direction de la porte principale, vers laquelle Clary avait fait déjà quelques pas en chancelant.

— Nous sommes enfermées de ce côté, dit-elle ; — venez, je sais une autre issue.... mais hâtons-nous, car nous ne retrouverions point peut-être cette occasion perdue...

Elles avaient traversé la chambre dans sa longueur. Susannah, soutenant toujours d'une main Clary Mac-Farlane, mit son doigt sur un bouton de cuivre qui semblait destiné à retenir les plis d'une draperie. Un grincement se fit sous la tenture, et une porte masquée, qui communiquait avec la maison abandonnée du numéro 9 de Wimpole-Street, s'ouvrit toute grande.

— Victoire ! s'écria la jeune fille, qui souleva entièrement Clary et la porta sans s'arrêter jusqu'au seuil du numéro 9.

Une demi-heure après, un fiacre s'arrêta dans Cornhill, devant la maison de mistress Mac-Nab. Susannah sauta sur le trottoir et regarda la façade avec des larmes dans les yeux.

— Oh ! que je l'ai bien souvent cherchée !

murmura-t-elle ; — à présent, je n'en oublierai plus le chemin.

Elle frappa. Ce fut Anna qui vint ouvrir.

La belle fille la baisa au front avant qu'Anna, étonnée, pût se reconnaître, puis elle lui montra le fiacre.

— Votre sœur est là-dedans, Anna, dit-elle.

— Ma sœur ! s'écria la jeune fille en s'élançant au dehors.

Susannah la vit franchir le marchepied du fiacre et mettre sa tête dans le sein de Clary. Elle resta une seconde immobile et les yeux humides, puis elle traversa rapidement Cornhill et monta dans un cab qui partit au galop pour l'hôtel de lady Ophelia, comtesse de Derby.

Anna voulut se retourner pour rendre grâce à l'inconnue qui lui ramenait sa sœur. Elle ne vit plus personne sur le seuil. Seulement, une douce voix vint à son oreille parmi le fracas de la rue.

— Je reviendrai, disait cette voix.

Anna regarda du côté d'où partait le son. Elle vit une tête se pencher à la portière d'un cab au galop, — une belle tête avec un sourire de madone. — Puis la foule se mit entre deux ; les grands omnibus passèrent : Anna ne vit plus rien.

Ce soir-là, les deux petits lits blancs, qui s'alignaient, jumeaux, au fond de l'alcôve commune, dans la chambrette occupée par les deux sœurs, s'affaissèrent sous leur fardeau accoutumé. Mistress Mac-Nab allait de l'un à l'autre, embrassant Clary, embrassant Anna, et remerciant Dieu avec larmes.

— Bess, disait-elle, oh! Bess, où est mon Stephen?... Trouvez-moi mon Stephen sur-le-champ afin qu'il les voie là toutes deux... toutes deux retrouvées!

— Il n'y a pas à dire, répondait Betty; — c'est de la chance, car une des deux aurait pu rester en chemin pour sûr... C'était là un événement, quand j'y pense!... Ah! lord! tout le quartier en a jasé pendant huit jours... Quant

à mister Stephen, ajouta-t-elle d'un air pincé,
— Dieu sait où il est à l'heure où nous parlons et ce qu'il fait, madame !... Il n'est point rentré cette nuit, et l'homme avec qui je l'ai vu sortir hier au soir, — je ne voudrais pas porter de jugement téméraire, — avait la tournure de tout ce qu'on voudra, excepté celle d'un honnête gentleman... Mais depuis quand m'appartiendrait-il de juger les actions de mister Stephen, par exemple !...

La vieille dame n'écoutait pas ou ne voulait pas écouter ; elle se donnait tout à sa joie. N'étaient-elles pas là toutes les deux, celles qu'elle avait tant pleurées ?...

Elles étaient là. — Mais l'attentat de Bob Lantern n'était point resté sans résultat. Nous savons l'état de la malheureuse Clary. — Que de jours de repos et de bonheur il allait falloir pour effacer les traces funestes de son martyre?

Anna aussi était changée. Heureusement le changement opéré en elle n'était point d'une nature aussi douloureuse. Au physique, un peu de fatigue ; au moral...

C'était un grand secret pour tous et pour elle-même. Anna ne se l'avouait point ; — le savait-elle ?

Question ardue. — Ce qui est certain, c'est que cette nuit-là son sommeil agité n'évoqua point l'image de Stephen. — Ou si Stephen apparut dans ses songes, le jeune médecin avait pris, par une transformation étrange à coup sûr, et que nos lectrices ne sauront point expliquer, des traits de héros de roman, de grands yeux noirs qui languissaient et parlaient d'amour, un regard soumis, un doux sourire, une taille... la taille souple et noble, gracieuse et fière, du beau cavalier Angelo Bembo.

Tyrrel et le docteur Moore, en quittant Wimpole-Street, s'étaient rendus hâtivement dans White-Chapel-Road, afin d'assister au conseil des lords de la Nuit.

La séance fut, comme on le pense, bien remplie et fort intéressante. La noble assemblée était en fièvre. On n'y comptait guère que par millions sterling, et si quelqu'un eût ouvert la bouche pour parler d'une dizaine de milliers de guinées ou autres bagatelles, nous ne savons à quelle extrémité se seraient portés contre cet importun orateur le jonc à pomme d'émeraude de lord Rupert Bel..., vicomte Clé..., la cravache de l'Honorable John Peaton, ou même le poing révérend de Peter Boddlesie, le futur doyen de Westminster.

Naturellement, le personnage important de la séance était de rechef William Marlew, sous-caissier central de la Banque d'Angleterre.

Ce gentleman, dont les talens oratoires et arithmétiques nous sont suffisamment connus, calcula sur ses doigts qu'il faudrait douze cents hommes et trois nuits pour vider les caves de

Royal-Exchange. — Peut-être se trompait-il en plus ou en moins, mais il n'y a pas d'apparence, parce qu'il était membre-correspondant de l'Académie des sciences de Chandernagor, et vice-président du Logarithms's club. — En tous cas, son calcul fut accepté comme sincère et véritable.

Restait à savoir comment on introduirait douze cents hommes à la Banque.

Il va sans dire que la *Famille* était amplement représentée dans le corps fameux par sa probité farouche des gardiens de caves. Là ne gisait point la difficulté. — Mais douze cents hommes!...

Douze cents hommes et trois nuits.

S. Boyne, esq., le banquier Fauntlevy, sir George Montalt et bien d'autres essayèrent d'éclairer la question, mais ils éprouvèrent un échec complet, malgré le loyal et parlementaire appui de lord Rupert qui prononça fort à propos en cette circonstance le fameux :

— Ecoutez ! écoutez !

— Et pourtant, dit le révérend Peter Boddlesie en voyant que tout le monde hésitait, il est de notre honneur de ne pas laisser une pièce de six pence dans les caves.

— Evidemment, appuya Marlew.

Chacun se tourna vers le chef, — M. Edward, — comme si sa cervelle infaillible eût dû avoir en réserve des solutions pour toutes les difficultés.

Le marquis de Rio-Santo était à son poste, au trône de la présidence, mais il ne prenait point part à la discussion, et s'entretenait fort activement avec sir Paulus, Bembo, Smith, Falkstone et le docteur Muller, qui n'était autre que notre connaissance, l'Écossais Randal Grahame. Ces cinq lords étaient la *camarilla* du marquis, et nous retrouvons parmi eux, sauf le nègre chauve Absalon, qui commandait alors une barque d'observation dans les mers de la Chine, et le joyeux *roi Lear*, mort plein d'âge et de vertus quelques années auparavant, tous nos conjurés du bois d'Eagle-River.

— Messieurs, dit Rio-Santo, soit qu'il lui plût de répondre à l'interpellation muette de ses pairs, soit qu'il jugeât venu le moment de clore la séance, — je dois vous prévenir que, usant des pouvoirs à moi conférés par vous naguère, j'ai mis sur pied aujourd'hui le ban et l'arrière-ban de la Famille. — Il serait trop long de vous détailler les rôles divers que nos hommes auront à jouer cette nuit sur tous les points de Londres : j'ai pris à ce sujet l'avis des deux honorables membres de la police qui font partie de cette assemblée.

S. Boyne, esq., et le commissaire de la Cité s'inclinèrent en signe d'affirmation.

— Il faut, en cas de malheur, reprit le marquis, que l'attention des agens du gouvernement soit détournée, et je me bornerai à vous apprendre que tout est disposé dans Londres pour qu'une émeute formidable éclate au premier signal.

— Mais les vingt-cinq millions sterling, s'il plaît à Votre Seigneurie? insinua le révérend Peter Boddlesie, qui ne perdait pas aisément de vue le solide.

Cette interruption ne déplut à personne.

— Ecoutez! écoutez! dit lord Rupert.

— Les vingt-cinq millions sterling seront à nous, monsieur, répondit Rio-Santo. — Bien que le temps me presse, je consens à vous faire savoir ce que j'ai réglé à cet égard. — Il y aura *rush* de nos hommes au bout de Prince's-Street et dans Lokbury, dans Cornhill, dans Cheapside et dans King-William-Street, — partout enfin aux abords de notre tunnel. Un passage restera ouvert néanmoins dans Threadneedle-Street, au bout duquel nos fourgons attelés en poste devront stationner. Le gaz sera éteint devant le magasin de sodawater et dans le carrefour. — Sir William Marlew se tiendra à l'intérieur de la Banque avec ceux des gardiens qui nous appartiennent... Je dois dire à sir William que tout dépend ici de son aplomb et de sa célérité. Il aura sous ses ordres le nombre d'hommes qu'il jugera à propos de fixer, mais je l'invite à ne point dépasser vingt ou trente, parce que la confusion est ici l'obstacle le plus redoutable.

— Vingt ou trente! se récria Marlew. — Pensez-vous donc, milord, que vingt-cinq millions sterling, qui font six cent ving-cinq millions, argent de France, et qui, évalués en dollars de l'Union...

— Je pense, monsieur, interrompit le marquis, que notre tunnel n'est pas aussi large que Regent-Street... la circulation, si on devait se servir des moyens ordinaires, y serait lente; le moindre embarras la rendrait impossible. Tout retard est fatal dans une entreprise comme la nôtre. J'ai avisé. — Vous n'aurez à vous occuper, sir William, que de l'intérieur de la Banque et du transport des objets à l'orifice intérieur de notre galerie.

Rio-Santo cessa de s'adresser au sous-caissier central et se tourna vers le gros de l'assemblée.

— Voici ce que j'ai décidé, poursuivit-il, sauf votre approbation, messieurs. Pour éviter les allées et venues dans un boyau étroit, où il faudrait agir et marcher avec un ensemble que nous ne pouvons point attendre de nos hommes, j'ai pensé à établir une double chaîne communiquant des caves de la Banque à Prince's-Street. De cette façon, notre proie, passant de main en main avec rapidité et sans interruption, arrivera bien plus sûrement à sa destination...

—Hurrah! cria John Peaton; — ma parole d'honneur, l'idée est forte!

—Permettez!... dit le révérend Boddlesie, qui ne comprenait pas parfaitement.

—Je propose de voter, séance tenante, des remerciemens au très noble marquis, dit le pair d'Angleterre. — Ce sera, s'il m'est permis d'employer une image poétique devant Vos Seigneuries, ce sera un fleuve d'or ayant sa source dans les caves de la Banque...

— Et son embouchure dans nos poches, interrompit l'Honorable John Peaton; — l'idée est très forte... je voudrais être à demain.

—Mais... commença Peter Boddlesie.

John Peaton voulut bien entreprendre pour le futur doyen de Westminster l'explication de l'image poétique du noble lord. Il s'approcha et dota le nez bourgeonné de Sa Révérence d'une large croquignole.

— Passez à votre voisin, dit-il.

— Mais, milord !... s'écria l'homme d'Église, en prenant la pose classique du boxeur.

— Passez à votre voisin ! répéta l'Honorable John qui savait à fond l'art de la plaisanterie anglaise.

Nous pensons que le révérend Boddlesie dut dire « Dieu me damne » ou quelque chose d'approchant.

— Eh bien! monsieur, reprit John Peaton, nos hommes feront ce que vous ne voulez pas faire. Au lieu d'une croquignole, on leur donnera un lingot ou un sac de cinq cents souverains, qu'ils passeront à leur voisin...

—Ah!... fit Peter Boddlesie d'un air de doute.

Puis, comprenant tout à coup, il donna un grand coup de poing sur la table et tendit cordialement la main à John Peaton.

—Devant le magasin de soda-water, reprenait pendant cela Rio-Santo, au bout de Prince's-Street, se trouvera la tête de nos fourgons, protégée par une cohue de nos hommes. Aussitôt chargé, chaque fourgon prendra le galop par Threaneedle-Street, pour gagner Leaden-Hall, puis White-Chapel-Road, — où nous avons, nous aussi nos caves, messieurs.

— Et qui sera chargé de surveiller le transport? demanda Moore.

— Vous, monsieur, et sir Edmund Mackensie, répondit Rio-Santo. — Les autres emplois sont à la volonté des gentlemen ici présens, sauf messieurs de la police dont le rôle est tracé. Il serait bon que chacun payât de sa personne et soutînt les groupes.

— Et, milord, demanda encore le docteur, où sera pendant ce temps Votre Seigneurie?

— Là où il y aura du danger et du travail, monsieur, répliqua Rio-Santo ; — à onze heures de nuit précises, il faut que la besogne commence dans le tunnel. Jusque-là, Prince's-Street doit rester désert. Mes ordres sont donnés. La police aura suffisamment à faire dans d'autres quartiers, pour qu'elle ne songe point à nous inquiéter.

Rio-Santo se leva. Les lords de la Nuit se séparèrent, laissant seulement au lieu de la réunion Jédédiah Smith, avec ordre d'ouvrir les portes du *Purgatoire* à la tombée de la nuit, afin que la tourbe amassée là loin du jour fît irruption au dehors et augmentât d'autant, au moment de la crise, le désordre général.

Rio-Santo remonta dans sa voiture avec Bembo et Randal Grahame.

Derrière, dans une autre voiture, Falkstone et Paulus Waterfield suivirent la même route, de sorte que les deux équipages arrivèrent en même temps dans Belgrave-Square.

Il était alors quatre heures du soir. Les abords d'Irish-House étaient déserts. Stephen et Perceval ne devaient venir se poster dans Belgrave-Square qu'une heure plus tard.

Lorsque le marquis et ses trois compagnons entrèrent dans le salon d'Irish-House, il y avait deux hommes assis auprès du foyer. — L'un de ces deux hommes, auprès duquel se

courbait, caressant et confiant, le beau chien
Lovely, était le laird Angus Mac-Farlane.

Angus avait la tête penchée sur sa poitrine;
il semblait profondément absorbé dans ses réflexions et ne remua point à l'entrée des nouveaux arrivans.

L'autre étranger, au contraire, se leva et
salua gravement M. le marquis de Rio-Santo.
C'était un homme chargé de vieillesse, à la
physionomie ouverte et pensive, au large front,
demi-chauve, où la méditation avait creusé de
profondes rides.

Il y avait en lui du tribun et il y avait de
l'apôtre. On n'eût point pu dire si cet énergique visage avait derrière soi l'âme ferme et

douce d'un conseiller de paix ou le cœur ardent d'un prédicateur de la guerre.

Rio-Santo s'avança vivement vers lui et toucha sa main avec un mélange de cordialité et de respect.

— Soyez le bien-venu, monseigneur, dit-il, je vous attendais.

XXV

AVANT LA BATAILLE.

L'étranger salué par le marquis de Rio-Santo du titre de monseigneur répondit à cet accueil à la fois respectueux et cordial par une cordialité pareille et un respect au moins égal. Il y avait en effet, sous la fougue énergique de son mâle visage, une sorte d'humilité chrétienne. — Le prêtre inspiré, qui, le premier, souleva l'Europe catholique au moyen-âge, pour la précipiter à la conquête du sépulcre saint, devait avoir ce regard à la fois modeste et brûlant, ce front vaste, courbé sous une pensée d'abnégation pénitente et tout resplendissant pourtant de volonté puissante, indomptable, absolue.

Ceux qui connaissent l'Irlande et les chefs généreux du mouvement qui l'entraîne, malgré la robuste opposition d'un grand homme, à commencer une lutte acharnée contre ses avides et déloyaux oppresseurs ; ceux qui savent que Daniel O'Connell tout seul sert de digue au torrent, et peut retarder le déchaînement des haines légitimes et des justes colères qui s'accumulent depuis si long-temps de l'autre côté du canal Saint-Georges; ceux, en un mot, qui, ne s'arrêtant pas à la surface des événemens et aux paroles des hommes, voient plutôt dans le grand tribun irlandais un bouclier pour l'Angleterre qu'un instrument de châtiment et de représailles, ceux-là devineront le nom et le haut caractère du personnage nouveau que nous mettons en scène. — Les autres admettront sur notre parole qu'il avait droit au titre de monseigneur, et qu'il avait droit aussi au respect de tous.

Car il nous semblerait mal-séant et téméraire de jeter brusquement à la curiosité frivole que notre histoire a pu éveiller çà et là le nom d'un homme vivant, vénéré, placé par sa position, par son âge et par ses fonctions d'une nature spéciale, dans une sphère tout autre que celle où s'agitent les acteurs mauvais ou bons de notre drame, parmi les événemens duquel il ne fera que passer d'ailleurs.

— J'ai vu partir mes pauvres enfans, dit le vieillard en tenant toujours la main du marquis et en le regardant fixement; — je n'ai pas eu le courage de les retenir... Vous les appeliez, milord, et n'êtes-vous pas aussi leur père?... N'est-ce pas à votre bienfaisance inépuisable qu'ils doivent en grande partie leur vie et celle de leur famille?... Mais, au nom du ciel, quel est votre dessein?

— Ils sont dix mille, n'est-ce pas, monseigneur? demanda Rio-Santo.

— Ils sont dix mille, milord, et d'autres seraient venus, sans les dépenses du voyage. Je ne sais si cela est un bien, mais nos paysans du Connaught perdent confiance aux promesses du grand libérateur... Ils espèrent en vous qui leur donnez du pain au lieu de lever la dîme sur leur misère... J'espère en vous, moi aussi, milord, mais je voudrais avoir l'assurance que votre courage ne vous entraînera point, vous et mes pauvres enfans d'Irlande, à une guerre inégale, dont le monde condamnerait les moyens, et que Dieu lui-même...

— Monseigneur, attendez à demain, interrompit Rio-Santo avec une certaine émotion dans la voix ; — la lettre qui m'annonçait la venue de nos frères d'Irlande me disait aussi votre arrivée... Demain, je vous expliquerai... demain vous saurez tout...

— Et d'ici à demain, milord? demanda le vieillard.

Tout en causant à voix basse, ils s'étaient éloignés du foyer autour duquel s'asseyait maintenant le reste des assistans, savoir, Waterfield, Randal et Bembo en un seul groupe, et Angus à l'écart, gardant sa contenance sombre et absorbée.

Bembo, lui aussi, était triste et préoccupé. Il passait avec distraction ses doigts effilés dans les longues soies du beau Lovely et ne prêtait nulle attention à ses deux compagnons, qui échangeaient çà et là quelques paroles.

— Signore, dit enfin Paulus, on prétend que vous en savez plus long que nous sur bien des choses. Pourriez-vous nous apprendre quel est ce *monseigneur* avec qui s'entretient le marquis?

Bembo n'entendit pas, — ou ne voulut pas répondre. Hormis Rio-Santo lui-même, il méprisait et détestait tout ce qui faisait partie de l'association.

Waterfield savait maintenant mettre une couche de flegme sur sa fougue brutale d'autrefois; mais dès que l'œil du monde n'était plus fixé sur ses actions, il redevenait pour un peu le rude tueur de bœufs d'Eagle-River.

— Eh! signore, reprit-il avec un sourire de grossier sarcasme, — laissez là Lovely, votre rival dans les bonnes grâces de Sa Seigneurie, et répondez à ceux qui vous parlent.

Bembo releva lentement sur lui son grand œil noir, tout plein d'indifférence et de dédain, — puis il se prit à caresser en silence la soyeuse fourrure de Lovely.

— Qui se ressemble s'assemble ! grommela Paulus.

Un faible sourire courut parmi le bouquet

de poils bruns qui ombrageait la lèvre du cavalier.

— Monsieur, dit-il, d'autant qu'il n'y a point ici beaucoup de choix, mis à l'écart don José, son compagnon et ce gentleman, ajouta-t-il en saluant le laird, — je vous remercie de ne m'avoir pas comparé à pire que Lovely.

Son regard moqueur, complétant sa pensée, glissa de Paulus à Randal et de Randal à Paulus.

Ce dernier fit un brusque mouvement de colère. — Randal avait les yeux fixés sur le laird.

— La paix ! murmura-t-il en serrant le

bras de Paulus. — Eh bien ! Mac-Farlane, ajouta-t-il tout haut; — qui diable vous a comme cela fêlé le crâne?

Cette question détourna l'attention de Waterfield et de Bembo lui-même qui n'avait fait qu'entrevoir le laird la veille, au moment où ce dernier s'évadait d'Irish-House, et qui ne le reconnut point. Bembo remarqua seulement alors ainsi que Paulus les blessures sans nombre qui couvraient le crâne et le visage de Mac-Farlane.

Celui-ci prit le poker et tisonna le feu.

— Il y a maintenant quinze ans qu'il vint un soir à la ferme de Leed, murmura-t-il en fixant ses yeux égarés sur Randal; — ce fut une nuit de malheur. Il m'ensorcela... Depuis, je suis un malfaiteur... Ah! laisser tuer, c'est tuer... Je suis l'assassin de Mac-Nab... Et maintenant... mes enfans! mes enfans!...

Il laissa retomber sa tête sur sa poitrine.

— Je veux mourir, dit Randal à voix basse, si ce maniaque n'a pas quelque chose dans la tête... Je le connais... Il médite quelque diable de coup!

— Que peut-il faire? dit Paulus en haussant les épaules.

Bembo s'était levé et avait gagné une embrasure donnant sur la place de Belgrave. La terre et les arbres dépouillés du square étaient couverts de neige. Bembo remarqua, non sans surprise, sur ce fond uniformément blanc, plusieurs formes noires, tantôt immobiles, tantôt s'agitant sans changer de place, comme un homme qui piétine. — Ces objets, du reste, étaient fort indistincts parce qu'il faisait sombre déjà et que le gaz n'était point allumé encore.

Bembo ne put empêcher une vague inquiétude de se glisser au dedans de lui.

Il tourna les yeux vers M. de Rio-Santo afin de lui montrer ces ombres qui, ainsi rassemblées et immobiles sur la neige, par une température glaciale, ne pouvaient être ni des passans ni des promeneurs, — mais le marquis était tout entier à son interlocuteur.

Or, à part le marquis, il n'y avait là que Lovely, auquel Angelo voulût bien adresser la parole, et Lovely, pour intelligent qu'il pût être, n'eût vraisemblablement point compris les craintes du cavalier.

Ces formes noires qui tranchaient sur la neige étaient Donnor d'Ardagh et ses compagnons apostés là par Stephen. Le jeune médecin et Franck Perceval se tenaient un peu plus loin et se trouvaient cachés par la courbe du parc intérieur du square.

Rio-Santo et son interlocuteur revinrent à pas lents vers le foyer.

—Songez-y, milord, disait le vieillard d'une

voix solennelle; — l'épée de Dieu doit être sans tache et les voies de la Providence, pour être mystérieuses et détournées souvent, ne côtoient jamais le chemin de l'enfer... Vous êtes puissant et votre cœur a conçu un dessein généreux et noble. Mais que les moyens soient purs autant que le but est grand!... A demain donc, milord; je compte sur votre promesse; demain je saurai si mes pauvres enfans, qui ont retrouvé dans votre Saint-Gilles de Londres une misère plus grande encore que la misère de l'Irlande elle-même, peuvent vous donner leurs bras et leurs cœurs, suivre votre route en aveugles et mourir chrétiens en mourant avec vous.

— Demain, monseigneur, répondit Rio-

Santo, je n'aurai plus rien de caché pour vous.

Il reconduisit le vieillard jusqu'à la porte extérieure d'Irish-House, et ceux qui se fussent trouvés à portée, l'auraient vu baiser dans l'ombre la main qu'il avait pressée tout à l'heure entre les siennes.

Au moment de repasser seul le seuil du salon, il s'arrêta et s'appuya pensif au montant de la porte.

—Demain! murmura-t-il au bout de quelques secondes.—Ah! cet homme dit vrai! l'épée du Seigneur doit être pure et sans tache... mais ce que j'ai fait de bon, placé dans la ba-

lance, l'emportera peut-être sur mes fautes...
Et puis j'ai travaillé vingt ans !

Il secoua si brusquement la tête, que les anneaux de sa riche chevelure s'agitèrent comme les mèches frissonnantes de la crinière d'un lion. Son front se releva.— Lorsqu'il entra dans la chambre, on n'eût point deviné, sous la résolution hautaine et indomptable brillant dans son regard, qu'un vent d'hésitation et d'angoisses venait de passer sur son âme.

—Mon frère Angus, dit-il au laird en lui tendant la main, — je suis bien heureux de vous trouver ici. Vous eussiez manqué à cette réunion, où sont rassemblés tous ceux qui ont une portion de mon secret. — A vous, mon frère, je vous l'ai donné tout entier, il y a bien long-temps.

— Il y a quinze ans, — à la ferme de Leed, prononça Mac-Farlane d'une voix sourde.

En même temps, il répondit avec une vigueur convulsive à la pression de la main du marquis.

Randal Grahame hocha la tête d'un air de crainte et de doute.

— Ecoutez-moi, amis, reprit Rio-Santo dont l'œil rayonnait l'enthousiasme et l'audace; — écoutez-moi. L'heure est venue de ne vous plus rien cacher... Il y a vingt ans que j'ai déclaré, moi tout seul, la guerre à l'Angleterre, au nom de mon père mort et de l'Irlande opprimée... Il y a vingt ans que je frappe sans relâche... Cette nuit, je vais livrer bataille rangée et décider le destin de la guerre d'un seul coup... Je vous ai choisi pour mes lieutenans.

— Merci, dit Bembo.

Randal et Paulus se rapprochèrent; le premier, homme intelligent et énergique, s'était donné sciemment au marquis; l'autre était subjugué. L'audace supérieure de Rio-Santo avait opéré sur lui complétement. Il était dévoué autant et plus que si son dévoûment instinctif eût eu sa source dans la tête ou dans le cœur.

Quand au laird, il croisa ses bras sur sa poitrine et dit froidement :

— Ah! c'est pour cette nuit? C'est bien, mon frère Fergus. Je suis content d'être venu...

— Tout est prêt, reprit Rio-Santo ; — les mesures patiemment combinées depuis si longtemps vont aboutir à la fois... Ne croyez pas aller au combat en victimes dévouées ; la victoire est sûre, — plus sûre que si je m'appelais Ferdinand ou Nicolas, et que j'eusse derrière moi les soldats de l'Autriche ou de la Russie... A l'heure où je vous parle, l'Irlande armée attend le signal de la guerre ; le pays de Galles, prêt à se soulever, dissimule la vaste conspiration de ses paysans sous des mascarades grotesques, et fourbit ses armes, tandis qu'on le croit occupé à couvrir de caricatures les murailles neuves des barrières de l'octroi ; Birmingham et les comtés manufacturiers s'agitent pour la charte du peuple : — il y a là cinquante mille soldats qui n'attendent qu'un cri parti de Londres pour serrer leurs rangs et marcher. — Autour de Londres, enfin, d'innombrables meetings ont proclamé aussi la charte du peuple, et ce nom nouveau de *chartistes* a fait trembler les ministres du roi dans le conseil...

A Londres... Ah! c'est à Londres que nous sommes forts !... Aujourd'hui même de fatales rumeurs ont épouvanté la Bourse. L'Angleterre se croit menacée d'un second blocus continental. Il semble que l'esprit de Napoléon, perçant le marbe de sa tombe lointaine, ait traversé les mers pour souffler des pensées de haine et de guerre à tous les cabinets européens... On a peur, savez-vous ; le commerce se trouble ; les capitaux, ce sang des veines de l'Angleterre, vont cesser de couler ; le colosse va tomber en paralysie... Et c'est à ce moment même qu'une attaque formidable et soudaine va fondre sur lui... Tandis que la Compagnie des Indes est meurtrie encore des coups sans nombre qui l'ont frappée, tandis qu'elle déplore la perte de ses comptoirs, de ses navires et les cent millions annuels que le récent édit de l'empereur de la Chine contre l'opium va enlever de ses coffres, tandis qu'elle enrôle de nouveaux soldats pour soutenir les mille petites guerres que lui font, séparés ou unis, les rajahs spoliés de l'Indostan, tandis qu'elle s'épuise, en un mot, à se défendre contre des attaques lointaines, la guerre et le pillage sont à ses portes...

— Et tout cela, c'est toi qui l'as fait ou qui le feras, n'est-ce pas, mon frère Fergus? dit le laird.

— C'est moi, — moi tout seul, répondit Rio-Santo dont le regard eut un vif éclair d'orgueil.

— Et nous, que faut-il faire? demanda Bembo qui tremblait d'impatience et d'ardeur.

— Mon frère Fergus est bien fort! reprit le

laird avant que Rio-Santo pût répondre; — quand il parle, on obéit... N'ai-je pas oublié, parce qu'il m'a dit : oublie! ma haine contre le bourreau de ma sœur?... Ah! je suis content d'être venu!

Rio-Santo lui prit les mains et les serra entre les siennes.

— Merci, mon frère dit-il, avec émotion; — et moi aussi je suis heureux de toucher votre main à l'heure du danger, à vous que j'ai choisi entre tous pour épancher mon cœur et pour aimer.

La main du laird trembla légèrement; ses cicatrices se rougirent jusqu'à paraître sur le point de saigner.

Rio-Santo poursuivit :

— La Compagnie, c'est la moitié de l'Angleterre... L'autre moitié, les parties nobles de ce grand corps, le cœur et la tête, le gouvernement en un mot, sont minés avec la même énergie, seront frappés avec la même violence... En ce moment, les Chambres du Parlement sont assemblées ; on s'y tait ; on craint d'apporter à la tribune de mortelles révélations ; whigs et tories, par un tacite accord, laissent de côté le dédale d'embarras et d'obstacles où ce qu'ils nomment la fatalité a poussé l'Angleterre... Ils ne disent pas que Papineau, l'illustre agitateur de l'Amérique du nord, préside la Chambre d'assemblée du bas Canada, et combat victorieusement leur domination sur une contrée aussi grande que l'Europe… Ils ne disent pas que les Etats-Unis menacent, — et que de tous les points du globe à la fois s'élève une tempête qui s'avance, qui s'avance obscurcissant au loin l'horizon et couvrant déjà ce fier soleil de l'Angleterre, dont le sol tremble sous les pas de ses fils…

Oh! s'ils ne le disent pas, ils le savent. Il faudrait de la santé, de la jeunesse, de la sève pour résister à ces attaques du dehors, — et tout est caduc, usé, vieilli. — Le paupérisme, envenimé par le vice, étend partout sa large plaie. Point de travail. Des monceaux d'or et pas de pain…

Au lieu de force, enfin, pour se raidir et faire

face au péril, rien que faiblesse et apathie, produites par ce triple cancer : les pauvres, le chartisme, l'Irlande.

Comme si Dieu eût voulu montrer au monde, par un exemple sensible, que les peuples sont comme les hommes, et que les débauches politiques ont, comme les orgies privées, le châtiment des lèpres honteuses.

Eh bien! c'est sur ce corps épuisé que vont tomber, aujourd'hui, nos coups... Nous sommes en force... Nous serions trop forts, sur ma parole, et je rougirais presque d'attaquer, si notre cause n'était pas si sainte, — car nos soldats seront vingt contre un dans la mêlée... Comptez avec moi notre armée : Spitael-Fields a dû vomir, ce soir, dans Londres, ses milliers de tisserands audacieux, turbulens, irrités par la baisse récente des salaires; Saint-Gilles a ouvert ses bouges et jeté dehors ses innombrables hôtes, comme une inondation furieuse que nulle digue ne saurait retenir; l'Irlande nous a envoyé dix mille soldats qui attendent mes ordres; la *Famille* enfin, dont je me suis fait le chef pour diriger ses puissantes ressources contre l'ennemi, la *Famille*, dont les membres ne pourraient point se compter, servira mes desseins sans le savoir... Que dites-vous de mon armée?

— Je dis qu'on croit vous deviner parfois, milord, répondit Bembo, — comme ces enfans qui, n'ayant jamais vu la mer immense, agrandissent en tous sens l'étang de leur village et se disent : la mer est ainsi; — mais votre pensée reste toujours au dessus de ce qu'on imagine, autant que l'Océan sans limites est au dessus de l'étang élargi.

—C'est une vaste combinaison ! ajouta Randal d'un air pensif.

— Dieu me damne! dit Waterfield, il n'y avait pas besoin de tout cela pour mettre à la raison quelques centaines de horse-guards, de life-guards et de grands coquins rouges, bleus ou blancs.

Le laird releva doucement sa tête.

— Oui, oui, murmura-t-il, mon frère Fergus fait tout ce qu'il veut... Il y a douze ans que Mac-Nab est mort et je ne l'ai pas encore vengé... Quand on peut arrêter la vengeance d'un homme sans le tuer, on est aussi fort que le destin... Mais la voix des rêves sait-elle mentir?... Il y a maintenant Mac-Nab et mes deux filles... Je suis content d'être venu!

Ces dernières paroles se perdirent, indistinctes et confuses, dans le bruit du tisonnier frappant avec force les masses de coke enflammé qui rougissaient la grille.

Nul n'y prit garde, si ce n'est peut-être Randal, qui regardait toujours Mac-Farlane d'un air inquiet et soupçonneux.

Rio-Santo, qui avait parlé jusque alors avec

entraînement et chaleur, se recueillit un instant et reprit d'une voix calme.

— Voici maintenant, amis, quels seront vos postes de bataille : — Ange, vous allez vous rendre sur-le-champ au coin de Saint-James-Street qui est en ce moment encombré de foule. Il y a là des hommes de la Famille en grand nombre et cinq cents Irlandais armés sous leurs habits. Les chefs ont un mouchoir autour de leur chapeau. Ils attendent leur commandant : vous vous ferez reconnaître avec le mot d'ordre qui est ERIN, — puis vous attendrez, vous rapprochant le plus possible du palais de Buckingham, où est le roi.

— Et qu'attendrai-je ? demanda Bembo.

— Vous attendrez qu'un coup de canon vous donne le signal d'attaquer le palais de Sa Majesté.

— C'est bien, dit Bembo ; — vous pouvez compter sur moi, milord.

— Vous, Paulus, poursuivit le marquis, vous allez vous rendre dans White-Hall et vous charger à la fois de l'amirauté, de la trésorerie et des horse-guards... Vous trouverez là des chefs subalternes qui vous attendent, et les hommes ne vous manqueront pas.

— Le mot d'ordre est le même? dit Paulus.

— Le même, ainsi que le signal.

— Ma foi, O'Breane, — ou, milord, si cela

vous convient mieux,—s'écria l'ancien tueur de bœufs, il faut vous dire que je me moque de la verte Irlande comme des antipodes, mais je ferai tout ce que vous voudrez... C'est une chose convenue.

— Vous, Randal, poursuivit encore Rio-Santo, vous aurez les deux Chambres du Parlement, et spécialement les ministres que vous ferez prisonniers.—Smith et Falkstone, qui sont prévenus, cerneront les bureaux de la Compagnie des Indes et Somerset-House. —Les autres établissemens du gouvernement auront affaire à nos Irlandais et à l'émeute.

— Et vous, milord? demanda Randal.

— Moi, répondit le marquis, je vous donnerai le signal avec les vieux canons de la Tour de Londres, où je sais les moyens de m'introduire.

— Ah!... murmura le laird qui écoutait, immobile et les yeux baissés.

— Vous, mon frère Angus, répliqua Rio-Santo, vous me suivrez partout. Ce n'est pas en ce moment qu'il faut nous séparer.

— Je suis content! dit le laird.

Rio-Santo regarda la pendule qui marquait huit heures et se leva.

— Il est temps de nous séparer, messieurs, reprit-il ; — au revoir, Ange, que Dieu vous protège, mon fils chéri. — Au revoir, ami

Randal, et vous, mon brave Waterfield... j'espère que nous nous retrouverons bientôt.

— Puissiez-vous ne pas vous tromper, milord ! murmura Bembo avec émotion. Je vous dis du fond du cœur que le moment où je vous reverrai sera l'un des plus beaux de ma vie.

Il serra la main que lui tendait Sio-Santo. Randal et Paulus en firent autant, et tous trois sortirent par la porte de derrière qui donnait sur Belgrave-Lane, afin de se rendre à leurs postes.

Angus et le marquis restèrent seuls.

Ce dernier passa sous ses habits une riche

paire de pistolets et glissa dans son sein un court poignard à lame mate et brunâtre, historiée sur ses trois plans jusqu'à la moitié de sa longueur et profondément cannelée de là jusqu'à la pointe.

Tandis qu'il était ainsi occupé, le laird, pâle et chancelant sur ses jambes, traversait le salon dans la direction de la fenêtre qu'il ouvrit.

— Est-ce que vous vous trouvez mal, Angus ? demanda Rio-Santo.

Le laird avait sur le front de grosses gouttes de sueur.

— Oui, mon frère O'Breane, balbutia-t-il :

—oh! oui... je me trouve mal... parce que je vous aime encore... je vous aime... si vous saviez comme je vous aime !

Le laird se pressait la tête à deux mains et sa voix sanglotait.

— Mon Dieu ! mon Dieu ! reprit-il ; la force me manque... Je ne veux pas aller avec vous... non !... La voix des rêves...

— Encore ! interrompit le marquis avec un sourire ; — votre fièvre n'est-elle pas finie ?...

— Ma fièvre ! répéta Angus dont les yeux s'égaraient ; — écoutez !... sais-je pourquoi je vous aime ?... Tout à l'heure j'étais résolu... Maintenant... Ah ! mon frère, n'allez pas, je vous en prie, n'allez pas !

Rio-Santo se méprit. Il crut que cette terreur soudaine avait trait aux dangers inhérens à la lutte qu'il était sur le point d'engager.

—Fi! Mac-Farlane, dit-il; ce sont là des craintes de femme... Si je meurs, ne mourrez-vous pas avec moi?

Il s'avança vers la fenêtre et voulut prendre la main du laird. — Celui-ci, en proie à une émotion insurmontable, se jeta dans ses bras en pleurant.

Les ombres noires s'agitèrent sur la neige, comme s'agitent des soldats rangés en bataille au commandement préparatoire de « Garde à vous! »

XXVI

LE DERNIER PAS.

A peine Angus Mac-Farlane eut-il touché la joue du marquis de Rio-Santo qu'il se rejeta violemment en arrière. Il y avait de l'horreur sur son visage, et ses yeux, vaguant dans le vide, devenaient égarés de plus en plus.

— Judas! Judas! balbutia-t-il; j'ai baisé mon frère sur la joue...

Le marquis avait regagné la cheminée et agité une sonnette.

— Faites atteler sur-le-champ, dit-il au groom qui se présenta ; — je veux mon tilbury et mon meilleur cheval.

Le valet sortit. — Quelques minutes après, Rio-Santo descendait le perron d'Irish-House, traînant littéralement le laird après soi.

Au bas du perron, il y avait un élégant tilbury attelé d'une jument dont lord John Tantivy fût devenu amoureux fou à la première vue.

Le noble animal piaffait, durcissant sous son sabot la neige nouvellement tombée et relevant par brusques secousses sa nerveuse encolure.

— Montez, Mac-Farlane, dit Rio-Santo.

Le laird demeura immobile.

Le long de la grille du square, il se fit un mouvement lent et presque imperceptible parmi les hommes qui attendaient là depuis plus de trois heures. Ils se glissèrent doucement, suivant le trottoir adhérent à la grille et se trouvèrent bientôt en face du perron d'Irish-House.

Frank Perceval et Stephen, qui étaient

postés plus loin, au delà du coin du petit parc de forme carrée qui tient le milieu du square, traversèrent la chaussée et gagnèrent le trottoir dépendant des maisons. Une fois là, ils s'avancèrent avec précaution vers le tilbury.

Rio-Santo, qui avait fait le tour de l'attelage pour donner une caresse à sa jument favorite, revint en ce moment et reprit le bras du laird en disant :

— Allons, mon frère, allons !

Mac-Farlane arracha brusquement son bras de l'étreinte du marquis et fit un pas en arrière.

— Non, non, non ! dit-il par trois fois ; — qu'importe la voix des rêves ?...

Rio-Santo le regarda fixement.

— Qu'avez-vous donc, Angus? demanda-t-il ; le temps presse... Ne voulez-vous pas venir avec moi ?

— Je veux... mon frère ! oh ! mon frère Fergus, ayez pitié de moi !... Remontez ce perron... Rentrez !... rentrez bien vite... je vais tout vous dire... Si vous saviez !...

Rio-Santo hésita un instant, — non point qu'il eût l'ombre d'une crainte pour lui-même, mais parce qu'il aimait Angus autant que jadis, et voulait savoir le motif de ce trouble extraordinaire. Mais un incident de ce genre ne pouvait l'arrêter long-temps. Il consulta sa montre et mit le pied sur la marche du tilbury.

— Restez ou venez, mon frère, dit-il, à votre choix ; mais hâtez-vous de choisir, car mes minutes sont comptées.

Angus jeta un regard autour de soi à la dérobée et vit les formes noires avancer de tous côtés et se disposer, par une lente manœuvre, de façon à entourer le tilbury.

Il s'élança sur le marchepied après Rio-Santo.

— Eh bien ! oui, dit-il ; — partons... mais partons, vous dis-je !... Lancez votre cheval... au galop... plus vite que le galop !

Rio-Santo saisit les rênes, et levant la tête pour choisir la direction, il aperçut pour la première fois deux ou trois hommes au beau milieu de la chaussée.

Alors, il eut une vague idée de soupçon.

— Mais allez donc, frère, au nom de Dieu ! criait Augus, dont l'émotion semblait croître.

Le marquis avait eu le temps de jeter autour de lui un regard circulaire.

Il avait vu à droite, à gauche, sur la chaussée, sur les trottoirs, partout enfin, des hommes disséminés et qui semblaient attendre.

— Voilà qui est étrange, murmura-t-il.

— Oh! mais allez donc, mon frère!... dit Angus, dont tous les membres tremblaient.

Rio-Santo releva les yeux sur lui et vit ses traits décomposés exprimer le paroxisme d'une horrible angoisse.

— Milord, milord, dit en ce moment un groom en descendant précipitamment les marches du perron ; — ces hommes qui entourent de loin Votre Seigneurie, sont armés ; j'en suis sûr... j'ai vu...

— Oui! oui! interrompit Angus ;—passez-leur sur le corps, mon frère... votre cheval est-il bon?...

Rio-Santo mesura d'un regard rapide le

terrain à parcourir et les intervalles laissés libres par ceux qu'on lui désignait comme des ennemis.

— Clary, ma belle Clary! dit-il doucement.

La jument raidit ses jarrets, releva le col et ramena ses oreilles attentives.

—Clary! balbutia le laird en mettant sa main sur son cœur qui défaillait.

Rio-Santo tendit les rênes et reprit à demi-voix :

— Hop! Clary! hop! ma belle!

La jument partit, effleurant la neige.

— Clary! Clary! répéta le laird. — Ah! ah!

Clary!... J'avais oublié... Qu'as-tu fait de Clary, Fergus O'Breane?

Il s'était levé, et arrachant les rênes des mains du marquis, il les tira de toute sa force et au point de faire reculer le tilbury déjà lancé au galop, jusque sous le perron d'Irish-House.

Les hommes apostés par Stephen et Frank, ainsi que les deux jeunes gens eux-mêmes, étaient restés indécis jusqu'à cet instant, attendant vainement le signal convenu entre eux et le laird.

Ils s'ébranlèrent tous à la fois au moment où ce dernier faisait rétrograder la voiture qui se trouva étroitement cernée en un clin d'œil.

— Ah! mon frère Fergus, reprit Mac-Farlane d'une voix éclatante; — qu'as-tu fait de Clary?... et qu'as-tu fait d'Anna?

Ces plaintes furieuses étaient pour Rio-Santo une énigme.

Sa première idée fut qu'il était entouré d'hommes de police, et que Smith, — ou un autre, — l'avait trahi.

Il demeurait assis, tranquille en apparence, sur les coussins du tilbury, tandis que Mac-Farlane, debout auprès de lui, gesticulait, l'écume à la bouche, et semblait être en proie à un furibond accès de frénésie.

Deux hommes tenaient déjà la bride du cheval.

La lumière des deux lanternes à gaz posées devant le perron d'Irish-House, et entre lesquelles se trouvait maintenant le tilbury, tombaient d'aplomb sur le visage hautain et pâle de M. le marquis de Rio-Santo. Stephen n'eut point de peine à reconnaître en lui le magnifique étranger de Temple-Church. — Mais, entre l'homme de Temple-Church, son ennemi d'hier, et l'assassin de son père, voué depuis des années à sa vengeance, il y avait toujours cette différence matérielle qui avait dérouté si long-temps les soupçons de Stephen. Le jeune médecin avait maintenant le témoignage du laird, il ne doutait plus ; —

mais il cherchait toujours sur ce noble front, que la brusque attaque d'Angus venait de dé-découvrir, un autre témoignage physique, irrécusable : la cicatrice gravée si profondément dans ses souvenirs d'enfant.

Frank de même. — C'était M. le marquis de Rio-Santo qui était là devant lui ; c'était l'homme détesté, le rival heureux, le tyran impitoyable de la pauvre Mary, mais était-ce aussi le bourreau d'Harriet ?

M. le marquis de Rio-Santo, lui, ne faisait nul effort ostensible pour se dégager. Il regardait d'un air de surprise calme ces gens inconnus, ameutés autour de sa voiture, et semblait attendre une explication.

Mais c'est que le visage de M. le marquis de Rio-Santo, si habile à exprimer tous sentimens et toutes nuances de sentimens, savait être à l'occasion un masque discret. Il restait serein et tranquille, mais derrière cette sérénité factice, derrière ce calme, résultat d'un effort désespéré, il y avait une terrible angoisse.

Dans une heure, toutes les forces réunies de la capitale des Trois-Royaumes n'auraient point suffi peut-être à comprimer son redoutable essor ; maintenant quelques hommes pouvaient lui barrer le chemin. — N'est-ce pas assez d'un passant qui met le pied sur la traînée de poudre, ou d'une goutte d'eau mouillant par hasard la mèche qu'on allume, pour prévenir ces chocs gigantesques dont l'ébranlement calculé creuse des gouffres et nivelle les montagnes; — mais si l'étincelle a touché une fois la mine, quelle armée ou quel déluge pourrait arrêter l'explosion?

Les derniers événemens que nous avons racontés s'étaient succédé, rapides comme la pensée. Il ne s'était pas passé dix secondes entre le changement subit du laird et l'irruption des gens de Stephen Mac-Nab.

Point n'est besoin d'expliquer que le laird, chancelant d'esprit et ne trouvant point dans son cerveau troublé une ferme base où asseoir ses idées, avait subi à l'improviste et au beau milieu de ses pensées de vengeance, les effets de cette puissance dominatrice que M. le marquis de Rio-Santo exerçait partout autour de soi. Il avait oublié sa haine pour ne se souvenir que de cette tendresse fraternelle et presque passionnée qui le liait à Fergus O'Breane. — Mais le nom de Clary, résonnant à son oreille, avait rompu le charme.

Il s'était souvenu de sa colère, et ce retour avait eu lieu avec d'autant plus de violence que le laird avait été plus près de perdre l'occasion de punir et de se venger.

Il se faisait un complet silence autour de la voiture arrêtée. — La porte d'Irish-House s'était ouverte; sur le perron étaient rangés huit ou dix grooms en livrée qui regardaient.

Le laird tenait d'une main les rênes; de

l'autre il serrait le revers de la redingote de Rio-Santo.

Il haletait et ne pouvait plus parler.

Rio-Santo le repoussa doucement.

— Messieurs, dit-il d'une voix qui vibra, calme et sonore au milieu du silence, — j'ai nom don José-Maria Tellès de Alarcaon, marquis de Rio-Santo. Je suis grand de Portugal de première classe et chargé d'une mission diplomatique près le gouvernement anglais. Si vous êtes des gentlemen, je vous prie, après cette explication que je ne vous devais pas, de lâcher la tête de mon cheval et de me faire place ; — si vous êtes des hommes de police, je vous somme de vider le pavé, vous tenant quittes de toute excuse pour cette insulte brutale et contraire au droit des gens.

Nul ne bougea parmi les hommes qui faisaient cercle sur la chaussée, mais Frank et Stephen quittèrent à la fois le trottoir et vinrent se placer l'un à droite, l'autre à gauche du marquis.

— Il n'y a pas assez long-temps, dit Frank d'une voix sous laquelle bouillait sa colère,— que M. de Rio-Santo et moi nous sommes vus de près, pour que j'aie besoin de lui décliner mes noms et titres...

Le marquis se pencha pour mieux voir.

— L'Honorable Frank Perceval! murmura-t-il avec amertume; — on dit que les gens à qui l'on fait l'aumône de la vie deviennent d'implacables ennemis... que me voulez-vous, monsieur?

— Je veux vous demander compte, milord, répondit Frank qui se contenait à peine, — d'un crime lâche et sans nom.

Il s'éleva sur la pointe des pieds et prononça tout bas :

— Je suis le frère d'Harriet Perceval, milord.

— Et l'amant malheureux de Mary Trevor, ajouta ironiquement le marquis; — je vous déclare, monsieur, que je n'ai point eu l'honneur de connaître milady votre sœur.

— C'est vrai, dit Frank ; vous l'avez tuée sans la connaître.

Il y avait dans cette laconique accusation un accent si profond de haine sans borne et à la fois d'amère douleur, que le marquis allait demander des explications lorsqu'il sentit une main se poser sur son bras.

Il se retourna et se trouva en face de Stephen.

— Moi, je suis le fils de Mac-Nab, dit seulement ce dernier.

Rio-Santo tressaillit de la tête aux pieds.

— Mac-Nab ! mon frère Mac-Nab ! prononça lugubrement le laird ; — sang pour sang!... Je suis content d'avoir fait ce que j'ai fait!

Il y eut un court moment de silence. — Le marquis semblait changé en statue. Son regard immobile se fixait lourdement en avant...

Qui pourrait dire ce qui se passait en cet homme à cette heure suprême! Il avait travaillé vingt ans, surmonté des obstacles que d'autres eussent réputés infranchissables ; il avait remué le monde! — Et maintenant, au dernier pas, un précipice...

Se disait-il que ce châtiment était justice et que ses crimes seuls s'élevaient contre lui?

Ou bien se disait-il que Dieu le punissait de sa clémence, qu'il avait sauvé par deux fois la vie de ce frère qui le trahissait, et aussi épargné l'existence de ces deux hommes qui demandaient son sang?...

Il n'eut pas long-temps du reste pour réfléchir.

— Monsieur, dit Stephen avec froideur, veuillez descendre, s'il vous plaît ; vous comprendrez que toute résistance serait désormais folie, et qu'il vaudra mieux pour vous nous épargner la triste nécessité d'employer la violence.

Les grooms et laquais du marquis étaient tous Anglais. Ils contemplaient la scène avec un très beau flegme et ne s'émouvaient pas beaucoup plus que s'il se fût agi du grand Turc. On les voyait échelonnés sur le perron, avec leurs vestes écarlates. Deux ou trois d'entre eux portaient de longues cannes dont on eût pu faire arme au besoin. — Nous affirmons que si une pauvre balayeuse des rues irlandaise eût embarrassé le chemin par mégarde, les vaillans serviteurs l'eussent chargée à fond et mise en fuite.

— Taisez-vous, mon neveu Mac-Nab! s'écria le laird dont le désordre augmentait; — vous parlez mal!... Ah! quand on hait, il faut haïr beaucoup... Il a tué votre père !... Il a enlevé mes deux filles!...

— Moi!... voulut interrompre le marquis?

— Clary et Anna!... toutes deux!... toutes deux! ah! Il me faut de la violence, à moi!... Ah!...

Il se rua en criant sur Rio-Santo, et le saisit à la gorge.

Durant un instant, une lutte confuse s'établit, dans laquelle on ne distinguait qu'imparfaitement les mouvemens des deux adversaires. Mac-Nab et Perceval s'élancèrent à la fois pour s'interposer.

A ce moment Rio-Santo, qui venait de dégager sa gorge des étreintes insensées du laird, releva la tête. — Son œil brillant renvoyait, étincelans, les rayons du gaz; — un rouge sombre et uniforme, résultat des efforts d'Angus ou de la colère, avait remplacé la mate pâleur des traits du marquis; — ses sourcils étaient froncés, et, sur le fond empourpré de son front, une ligne livide, profondément tranchée, courait du sourcil à la naissance des cheveux.

Frank et Stephen poussèrent un double cri.

— La cicatrice !

Mais ce n'était jamais pour peu que Rio-Santo fronçait le sourcil. — On avait perdu de vue ses mouvemens durant une seconde : une seconde lui suffit.

Le laird, violemment renversé, vint tomber dans les bras de Stephen, et une voix impérieuse s'éleva :

— Lâchez la bride, sur votre vie !

Les deux hommes qui retenaient le cheval n'obéirent point. Deux détonations retentirent coup sur coup.

— Hop, Clary ! hop, ma belle ! dit le marquis.

La jument docile obéit au frein, libre désormais, car les deux hommes avaient roulé dans la neige.

Le tilbury partit comme un trait. Clary avait distancé, aux dernières courses d'Epsom, le fameux Tippo-Saëb, sur lequel Sa Seigneurie le comte de Chesterfield avait parié et gagné trois contre un durant deux saisons.

— Cent guinées à qui l'arrêtera ! cria Stephen exaspéré en s'élançant sur les traces de Rio-Santo.

Donnor d'Ardagh brandit un long couteau qu'il tenait à la main.

— Oh ! Votre Honneur, dit-il, Donnor va l'arrêter pour rien... Le lord a un bon cheval, c'est sûr, mais l'on pave à l'entrée de Belgrave-Street, et les lords ne remarquent pas ces choses-là... Il va être obligé de revenir. Si la petite voiture me passe sur le corps, Votre Honneur, je pense que vous aurez soin de l'enfant qui est dans Saint-Gilles.

Donnor était déjà loin. Il arriva au coin de Belgrave-Street bien avant tous les autres, et au moment où le marquis, arrêté par l'obstacle indiqué, revenait au grand galop pour enfiler l'autre côté du square.

On le vit se précipiter tête première. — La course du tilbury ne se ralentit point. Seulement Donnor, cramponné au brancard, se laissait traîner et ne lâchait point prise, malgré les efforts du marquis.

Au bout d'une centaine de pas, Clary broncha.

— Hop, ma belle! dit Rio-Santo.

Clary bondit en avant, puis broncha encore. — Au bout de dix pas, elle s'abattit, morte.

Donnor se coucha, épuisé, dans la neige, en poussant un long cri de victoire. — Il était parvenu à mettre son couteau tout entier dans le ventre de la jument.

— Oh! Votre Honneur! dit-il à Stephen qui accourait; — je n'avais encore fait rien qui vaille pour payer le pain que vous m'avez donné et les habits de la petite fille!

XXVII

EFFET DU FROID SUR UNE ÉMEUTE.

Les deux brancards du tilbury s'étaient brisés dans la chute et M. le marquis de Rio-Santo avait été lancé rudement sur le sol. Il demeura quelques secondes étourdi du choc, mais il se releva néanmoins avant que le gros de ses adversaires fût à portée de le saisir.

Il était debout au milieu de la chaussée, et tenait à la main son poignard.

Toutes les fenêtres de Belgrave-Square s'étaient ouvertes au double coup de pistolet. Les valets étaient descendus dans la rue ; les maîtres tâchaient de voir sans se déranger.

Quelques groupes débouchaient des rues voisines, empressés et curieux.

Ceux des assaillans qui arrivèrent d'abord à portée du marquis s'arrêtèrent sans l'attaquer, car la lumière éclatante du gaz éclairait sa pose déterminée et montrait, comme eût fait le plein jour, les détails de son corps souple et vigoureux. — Ce furent Stephen et Perceval qui s'élancèrent sur lui les premiers.

— Quoi ! tous deux en même temps ! dit le marquis avec raillerie.

Il avait évité le choc de Frank et tenait le poignard levé sur Stephen qui venait de trébucher contre un éclat de brancard.

Mais il ne frappa point.

Une clameur lointaine et confuse se faisait entendre dans la direction de Chapel-Street.

— Rendez-vous, milord ! dit Stephen qui

avait eu le temps de se relever ; — vous voyez bien que toute résistance est inutile.

— Je vois que vous êtes vingt contre un, messieurs, répondit Rio-Santo. Par tout pays, ce serait lâcheté ; à Londres, c'est prudence d'habitude... Je me rends à l'Honorable Frank Perceval.

Tout en parlant, il prêtait attentivement l'oreille. Le bruit augmentait du côté de Chapel-Street. C'était comme un murmure immense, grossissant par intervalles, puis s'éteignant pour renaître, gronder un instant et s'assourdir encore.

M. de Rio-Santo avait jeté son poignard, et

se tenait, sans armes, entre Stephen et Perceval.

— Milord, lui dit ce dernier, le moment serait mal choisi pour s'irriter de vos reproches ou relever sévèrement l'amertume outrageante que vous y mêlez. Je veux dire néanmoins à Votre Seigneurie que vingt chasseurs peuvent sans honte acculer le sanglier dans sa bauge... Veuillez nous suivre, s'il vous plaît.

Toute la troupe se mit en marche à l'instant vers Chapel-Street, afin de gagner le bureau de police de Westminster.

Le visage du marquis avait perdu son caractère de calme hautain et provoquant, pour prendre une expression de froideur indifférente. Nul n'aurait su deviner en ce moment ce qui se passait au dedans de lui.—Peut-être était-il pris de cette apathie lourde qui suit la défaite. C'était du moins ce que devaient croire ceux qui ne connaissaient de lui que l'extérieur et n'avaient pu mesurer jamais la force cachée de son âme.

Peut-être encore avait-il quelque mystérieux motif d'espérer.

Toujours est-il que, chaque fois qu'une clameur plus sonore arrivait de Grosvenor-Place par Chapel-Street, le marquis pressait le pas involontairement, comme s'il eût voulu devancer la marche de ses gardiens. — On arrivait à l'angle de Belgrave-Square.

Il n'était pas difficile de conjecturer qu'un rassemblement très considérable encombrait Grosvenor-Place. La petite troupe continuait néanmoins de marcher.

On eût pu voir la physionomie du marquis s'éclairer d'une lueur de contentement tôt dissimulé, lorsqu'il se vit dans Chapel-Street que remplissaient déjà les cris de la foule.

— Hâtons-nous, dit Stephen, ou nous trouverons le passage obstrué.

— On dirait une émeute! ajouta l'un des hommes qui l'accompagnaient.

C'était une émeute en effet. — C'était l'aile d'une armée immense qui faisait à cette heure déjà ruisseler par les rues de Londres ses innombrables bataillons. — C'étaient les gens de Saint-Gilles, les voleurs de la Famille et les Irlandais qui, suivant une direction donnée, se précipitaient le long des parcs jusqu'à Buckingham-Palace.

Une fois à portée de cette foule, dont il était l'âme, Rio-Santo n'avait à prononcer qu'un mot pour être sauvé. Voilà pourquoi son front s'éclairait malgré lui ; voilà pourquoi il pressait le pas et eût payé chacune des enjambées qui le séparaient encore de Grosvenor-Place au prix d'une semaine de sa vie.

Mais il y avait sur sa route un obstacle vivant, un homme que Dieu semblait avoir choisi entre tous pour doubler l'amertume du calice. — Angus Mac-Farlane avait assisté au conseil secret tenu dans le salon d'Irish-House. Il savait, lui aussi, ce qu'était cette foule dont les clameurs arrivaient au marquis comme un présage de salut.

Froissé encore de sa chute, il se traîna sur la neige jusqu'à l'entrée de Chapel-Street et cria d'arrêter.

Rio-Santo pâlit à cette voix naguère aimée et qui était maintenant celle de son plus implacable ennemi.

Le laird parla. Stephen et Frank changèrent aussitôt la direction de leur marche, et comme le marquis refusait de faire un pas en sens contraire, on le saisit à bras le corps et on l'entraîna malgré lui.

Dans Belgrave-Street, on trouva des policemen attirés enfin par la double détonation. Rio-Santo fut remis entre leurs mains et arriva au bureau de police de Westminster escorté par tous ceux qui avaient contribué à son arrestation.

Pendant cela, Londres, la ville antipathique aux émeutes, parce que les émeutes font fermer les boutiques, s'effrayait et se repliait au fond de ses noires maisons, comme fait un escargot dans sa coquille, à l'approche du danger.

L'émeute grossissait. grossissait. — Où al-

lait-elle? — Dans quel but s'armait la foule?
— Au profit de qui se faisait la révolution?

Quelques rideaux de fenêtres s'entr'ouvraient. Les gentlemen regardaient et, à l'aspect de ce soulèvement colossal qui mettait dans la rue autant de têtes d'hommes que de pavés, ils se demandaient ce qu'allait devenir Londres, la ville mal gardée par excellence, où il n'y a de troupes que ce qu'il faut pour parader les jours de fête devant Saint-James, la cité tranquille, organisée pour le lucre et la paix, inhabile à la guerre et défendue seulement par quelques centaines de horse-guards, — les plus splendides cavaliers de carton du monde entier.

La foule allait se recrutant sans relâche,

tantôt grondant sourdement, tantôt emplissant l'air de clameurs tonnantes. — Elle allait, broyant et fondant la neige glacée sous ses pieds.

Et cette foule n'avait point de drapeau. Elle ne criait ni pour les whigs alors au pouvoir, ni pour les tories, ni pour les radicaux. C'était une colère terrible d'autant plus qu'elle était mystérieuse, inexplicable.

Buckingham-Palace était cerné, White-Hall et ses abords où sont entassées les administrations publiques étaient pris d'avance, tant le nombre des assaillans éloignait toute idée de résistance. — Les membres épouvantés des deux Chambres du Parlement se taisaient pour écouter ce peuple ameuté aux portes, et dont les clameurs désordonnées eussent couvert leur vide éloquence.

Oh! tout était prévu, tout, — hormis la part que la main cachée de la Providence prendrait à l'événement.

Londres se trouvait attaqué à la fois, comme l'Angleterre, par toutes ses parties vulnérables. C'était bien le même génie qui avait ordonné le plan de cette double bataille...

Mais le signal ne venait pas. Les lieutenans de Rio-Santo, impatiens de l'impatience commune, attendaient ; — le canon de la Tour se taisait.

Qui ne connaît les allures étourdies, aveugles, folles, brutales, de ce monstre sans tête qu'on appelle l'Emeute? Il passe, renversant devant lui tout obstacle, se fortifiant par le combat, grandissant à chaque goutte de sang qu'il verse, capable d'opérer des miracles, s'il a flairé une fois l'odeur aimée de la mort. Il passe, plein d'ardeur et de joie, pourvu qu'on lui donne des hommes à tuer ou des palais à démolir. — Ecoutez! si vous l'entendez rugir bien fort, et jeter au ciel les hurlemens de sa hideuse allégresse, c'est qu'il a martelé des colonnes de marbre ou broyé des membres de chair, c'est qu'il danse sur des ruines ou chauffe ses pieds dans le sang.

Mais si vous ne jetez rien sur sa route, à quelle curée voulez-vous qu'il s'anime? On ne s'enivre point long-temps à vide. Crier ne peut suffire toujours; il faut, pour rester en goguette, boire si l'on est homme, égorger si l'on est peuple.

Et le signal ne venait pas.

Le monstre avait les pieds dans la neige fondue. On le forçait à rester en place, et il grelottait tout bas.

Ah! si quelque cri eût retenti au dessus de cette foule stupide, si on lui eût montré le but en disant : Frappe! elle aurait repris goût au passe-temps, et alors malheur au but indiqué, soldat ou monument; mais rien. — Les lieutenans de Rio-Santo attendaient.

Les heures s'écoulèrent. Il tombait une neige épaisse. — L'émeute eut froid.

Or, l'émeute se dissipe comme elle se forme. — Qui sait d'où vient l'orage et qui sait où il va? — Vers dix heures du soir, les policemen parcouraient les rues de Londres où le passage de la cohue n'avait laissé qu'un surcroît de boue.

En un seul endroit, l'émeute n'avait point cédé, c'était à l'angle de Prince's-Street et de Poultry. Nous savons que là, le *rush* avait un but et que point n'était besoin d'un signal pour commencer le pillage de la Banque.

Le moment était fixé. A onze heures on devait entamer les opérations.

Mais le laird avait eu le temps de parfaire sa déclaration au bureau de police de Westminster. Vers dix heures, par Threadneedle-Street, laissé libre, déboucha un bataillon de gardes à pied, qui prit place tranquillement devant la porte du magasin de soda-water.

Les gens de la Famille les regardèrent. Paddy blasphéma, Snail miaula.

A minuit, tout dormait dans la ville, sauf une douzaine de maçons occupés à murer aux flambeaux la porte du magasin de soda-water.

Heureusement, et M. Smith en remercia chaudement le ciel, il ne restait absolument personne dans le souterrain.

Personne, excepté Saunder l'Eléphant, qui

se trouvait ainsi muré avec les restes de son souper de la veille et sa jarre de gin.

Il était tard déjà lorsque Susannah quitta Clary Mac-Farlane qu'elle venait de sauver, sur le trottoir de Cornhill, devant la maison de mistress Mac-Nab.

Elle se fit aussitôt conduire dans Regent-Street, chez la comtesse de Derby.

Il y avait deux jours que la belle fille avait été séparée violemment de Brian de Lancester, au moment même où elle venait de lui conter son histoire. Depuis lors, elle ignorait complétement ce qu'était devenu Brian. N'osant point se rendre seule à la demeure du cadet de Lancester, ce qui eût contrarié les idées de convenance et de pudeur qu'elle avait apprises si rapidement dans son court passage parmi le monde, elle songeait naturellement à chercher des nouvelles auprès de lady Ophelia, son unique amie.

Pendant ces deux jours, l'inquiétude avait tenu peu de place dans les pensées de Susannah. Elle s'était donnée tout entière à ce bienfaisant rôle de protectrice que l'état de souffrance de la pauvre Clary lui commandait. Ce rôle était à sa taille; elle s'y complaisait. Il y avait dans sa nature forte et riche un fonds inépuisable de miséricordieuse bonté. La plus tendre mère se fût déclarée vaincue en voyant les soins amoureux, les délicates sollicitudes, dont la belle fille avait entouré Clary « sa petite sœur» comme elle l'appelait. Le propre de Susannah était d'aimer jusqu'au dévoûment, dans l'amitié; dans l'amour, jusqu'à l'adoration. L'image de Dieu charitable se retrouvait entière dans cette âme pure et noble, autant que l'imparfait miroir du cœur de la fille d'un homme peut refléter les perfections divines.

Dès que Clary fut rendue à sa famille et ne réclama plus ses soins, le souvenir de Brian de Lancester revint dominer Susannah. Dix fois, sur la route de Cornhill à Regent-Street, elle fut sur le point d'ordonner au cocher de tourner bride et de la conduire dans Cliffort-Street, à la maison de Lancester, mais elle se retint. Lancester lui-même n'avait-il pas paru d'avance improuver cette démarche lorsqu'il lui avait dit que la demeure de lady Ophelia était son asile naturel.

Susannah prit patience dès qu'elle crut obéir à la volonté de Brian.

Elle trouva la comtesse de Derby seule et souffrante.

Lady Ophelia, faite autrefois à la vie calme et vraiment digne, il faut le dire, des membres de l'aristocratie anglaise qui sont restés fidèles aux mœurs antiques de leur race, se trouvait depuis long-temps déjà hors de la voie austère qu'elle n'aurait dû quitter jamais. Sa liaison avec le marquis de Rio-Santo avait mis une tache à sa renommée; mais, innocente ou coupable (car, en définitive, le monde qui ne juge que sur apparences ne peut point juger sans appel), elle avait gardé du moins jusque alors intacte toute cette portion de l'existence que n'affectent point les choses de l'amour. Mais depuis quelques jours cette portion réservée de sa vie se trouvait brusquement entamée. Elle avait livré à Perceval les secrets du marquis; elle avait, par suite de cette révélation, exécuté, sous des yeux malveillans et jaloux, une démarche qui, dans les mœurs anglaises, appelle sur son auteur découvert les foudres de l'excommunication fashionable : nous voulons parler du billet remis à Mary Trevor à la dérobée ; elle avait enfin, et ceci était tout récent, écrit à Frank Perceval, sous la dictée du marquis de Rio-Santo, une lettre dont les résultats possibles la faisaient frémir.

Tout cela pesait un poids bien lourd sur sa conscience honnête et délicate. Attaquée déjà depuis long-temps par les chagrins d'un amour méconnu et trompé, par les angoisses d'une jalousie qui tyrannisait ses nuits et ses jours, la pauvre femme devait faiblir sous ce triple fardeau. Sa santé déjà chancelante fléchit tout à coup.

Susannah la trouva couchée sur une chaise longue, pâle, affaissée, et le découragement peint sur le visage.

A la vue de la belle fille, Ophelia eut un sourire presque joyeux.

— Je croyais que vous m'abandonniez, dit-elle, et je suis bien heureuse de vous voir.

Susannah lui prit la main et la serra doucement entre les siennes.

—Comme vous voilà pâle et changée, chère lady! répliqua-t-elle ; — vous souffrez?

La comtesse mit la main sur son cœur.

— Oui, répondit-elle, je souffre... et mon mal n'est point de ceux qu'un médecin puisse aisément guérir...Je vous conterai mes peines, Susannah... Mais vous, que vous est-il donc arrivé?

— Moi, je ne puis vous dire que je vous

conterai mes peines, Ophélie, répartit la belle fille en souriant tristement ; — mes peines sont un secret, et ce secret ne m'appartient pas... Depuis que je ne vous ai vue, j'ai bien souffert aussi, mais j'ai eu bien de la joie... Ce sera pour moi un jour heureux, chère lady, que celui où je pourrai vous ouvrir mon cœur, comme je l'ai fait à Brian de Lancester dont je vais devenir la femme.

La comtesse se souleva sur sa chaise longue et attira Susannah auprès d'elle.

— Je savais bien que vous m'apportiez une consolation, dit-elle avec une amitié charmante ; — ce m'est une chose si douce de vous voir heureuse, Susannah !... Et moi qui connais M. de Lancester, je le sais noble et bon, aussi bon et noble que vous avez pu le rêver dans l'ardeur de votre jeune amour.. Tant mieux ! oh! tant mieux, chère lady! vous, au moins vous désapprendrez à souffrir !

Elle baisa au front Susannah qui se penchait vers elle en rougissant et en souriant.

— Je viens vous demander un asile, Ophely, reprit cette dernière ; — si je ne puis vous dire mon secret, il faut bien pourtant que je vous apprenne l'embarras où je suis... je n'ai plus de retraite...

— Quoi! s'écria étourdiment Ophelia ; — madame la duchesse de Gêvres?...

Susannah garda le silence.

—Pardon, chère lady, poursuivit la comtesse ; je vous remercie d'avoir compris que ma maison est à vous comme je le suis moi-même.

Ceci fut dit avec une franche effusion, — et pourtant le front de lady Ophelia devint pensif aussitôt qu'elle eut cessé de parler.

Il faudrait être d'humeur singulièrement austère et chagrine pour n'avoir point pitié de cette curiosité instinctive et plus rapide que l'éclair qui vient mêler chez la femme un petit désir aigu et subtil comme la pointe d'un dard de guêpe aux plus purs épanchemens du cœur. A tout prendre, d'ailleurs, ce petit désir ne gâte rien ; il est involontaire comme tout désir et plus involontaire qu'un autre désir, parce qu'il est plus soudain. Le blâmer serait superflu. Dès qu'on le discute, il a cessé d'être; il n'existe qu'à la condition de passer inaperçu.

Car sitôt qu'on l'aperçoit, on le rejette avec honte ou bien l'on s'y complaît à loisir. Dans le premier cas, justice est faite; dans le second, le petit désir sur lequel nous appelons l'indulgence masculine n'est déjà plus lui-même; il rentre dans cette curiosité détestable et vulgaire, vice commun aux sots des deux sexes et qui ne mérite à coup sûr ni pitié ni pardon.

Lady Ophelia n'était point suspecte de sottise, et l'élément bourgeois n'entrait pas pour un atome dans sa hautaine nature; mais elle était femme. A son insu et avec une magique promptitude, son esprit distrait groupa une foule d'indices. Elle se souvint de cette étrange ignorance de toutes choses qu'avait si souvent montrée la belle fille, de son arrivée subite, des demi-confidences échappées aux heures d'épanchemens. Elle rapprocha ces circonstances diverses du haut titre porté par Susannah, veuve et ne paraissant point initiée aux mystères du mariage, et vint enfin à se demander comment la princesse de Longueville se trouvait avoir besoin d'une retraite.

Ce travail mental dura juste le quart d'une seconde.

Le résultat fut que la comtesse de Derby

eut un très vif mouvement de colère contre elle-même et qu'elle embrassa la belle fille avec un redoublement de tendresse.

— Je connais toute votre bonté, chère lady, reprit Susannah qui rougit encore et se troubla ; — je viens donc vous demander un asile. En outre...

— En outre ?... répéta doucement la comtesse.

— Il y a deux jours que je n'ai vu M. de Lancester, acheva la belle fille en relevant la tête comme pour protester contre sa rougeur.

Lady Ophelia se leva vivement et sans trop

d'effort pour prendre une sonnette d'or qui se trouvait hors de sa portée.

— Voyez, Susannah, dit-elle gaîment, vous m'avez guérie... Joan, ajouta-t-elle en s'adressant à sa femme de chambre, qui se présentait à l'appel de la sonnette, apportez-moi ce qu'il faut pour écrire.

Joan mit sur le lit un élégant et léger pupitre de marocain. La comtesse trempa sa plume dans l'encre.

— Il faut lui faire une surprise chère belle, dit-elle tout bas. Je ne veux point lui dire que vous êtes ici, et demain, quand il se présentera...

— Non, oh! non, Ophely, interrompit Susannah; — dites-lui que je suis avec vous... Une nuit est bien longue et il doit me croire entourée de périls...

— Comme vous prononcez ce mot, Susannah!... Des périls!... mais il y a des périls de toute sorte... Je vais dire à M. de Lancester que vous êtes à l'abri sous mon aile.

Sa plume courut le long de trois ou quatre lignes sur le papier.

— Jean, reprit-elle en fermant la lettre, il faut que Tom porte sur-le-champ ce billet dans Cliffort-Street, à l'Honorable Brian de Lancester, et qu'il me rende la réponse tout de suite. Je l'attend

Joan sortit. — La belle fille adressa à son amie un regard de reconnaissance.

Puis l'entretien continua. La comtesse se sentait réellement soulagée. Il ne faut souvent que le son d'une voix aimée pour dissiper ces lourdes vapeurs que condensent autour de l'âme la solitude et l'abandon.

Susannah regardait bien souvent l'aiguille de la pendule.

Et chaque fois qu'il en était ainsi, lady Ophelia souriait avec mélancolie, parce qu'elle avait souvenir sans doute de bien des regards d'impatience et d'espoir, jetés par elle sur cette même pendule, dans des circonstances pareilles.

Enfin, Joan reparut au seuil. Elle avait une lettre à la main.

— Donnez, donnez dit la comtesse.

Susannah était pâle d'émotion.

Joan tendit la lettre à sa maîtresse qui la reconnut pour celle qu'elle venait d'écrire à à l'instant et qui n'avait point été décachetée.

— Que signifie cela? demanda-t-elle.

— S'il plaît à Votre Seigneurie, répondit

Joan, l'Honorable Brian de Lancester est absent de sa maison depuis trois jours et n'a point donné depuis lors de ses nouvelles.

Susannah chancela et s'appuya tremblante au dos du lit de jour.

XXVIII

LUNATIC-ASYLUM.

Vers deux heures de l'après-midi, le lendemain, M. le vicomte de Lantures-Luces se fit annoncer chez la comtesse de Derby.

Lady Ophelia était levée et se tenait dans

son boudoir avec madame la princesse de Longueville, qui avait passé la nuit à Barnwood-House.

Le nom du petit Français, jeté au milieu de l'entretien des deux jeunes femmes, eût produit en toute autre circonstance peut-être un désagréable effet, mais ce jour-là il fut accueilli sans humeur et presque avec joie. On avait besoin de savoir, et le vicomte avait une valeur intrinsèque égale à celle de quinze journaux.

Aussitôt que lady Ophelia eut donné l'ordre de l'introduire, M. de Lantures-Luces franchit lestement le seuil, non sans *évaporer* d'un dernier coup de poing les anneaux crêpés de sa coiffure. Il entra, tête baissée, le chapeau dans la main droite, et la gauche sur la garde de son lorgnon en paire de ciseaux.

— Madame la comtesse, dit-il en violant la main d'Ophelia, — veut-elle bien permettre ?...

Puis il ajouta en faisant une brusque évolution du côté de Susannah :

— Voulez-vous bien permettre, madame la princesse ?

Ces deux mains baisées, il laissa errer un instant son œil vert à l'aventure, cherchant évidemment un éventail qu'il pût trouver ravissant; — le malheur voulait qu'il n'y eût pas d'éventail dans le boudoir, ce qui porta

Lantures-Luces à entamer la conversation de la manière suivante :

— Belle dame, dit-il, je n'avais pas encore remarqué cette délicieuse agrafe...

— Si fait, vicomte, répondit Ophelia ; déjà trois fois vous l'avez déclarée ravissante.

— Parlez-vous sérieusement? balbutia le petit Français. — Eh bien, belle dame, c'est le propre des choses charmantes de paraître toujours nouvelles... Et, à propos de nouvelles, — je pense que Votre Seigneurie voudra bien excuser ce léger jeu de mots, — nous avons moisson complète de nouvelles en ce moment...

— Que se passe-t-il donc, monsieur ? demanda vivement lady Ophelia.

— Belle dame ! voici ce que je me suis dit, poursuivit le vicomte, en prenant possession formelle du fauteuil qu'il n'avait fait qu'effleurer jusque-là ; — je me suis dit : la charmante comtesse se confine en ses salons de Barnwood-House, dont le merveilleux goût est chose proverbiale ; — je parle très sérieusement ; — Sa Seigneurie ne voit rien, n'entend rien, ne sait rien ; je vais ma foi, tenter la fortune et tâcher d'être admis à lui offrir mes respects... De cette façon...

— Mais vous parliez de nouvelles, vicomte ?

— Assurément, belle dame... Tout d'abord,

puisque vous semblez être impatiente d'entendre ma revue, je vous dirai une chose qui ne peut manquer de vous intéresser... Mary Trevor est revenue à la vie...

— Etait-elle donc en danger de mort; demanda la comtesse.

Lantures-Luces pensa tomber à la renverse, tant il lui sembla prodigieux qu'on pût ignorer un fait ayant six jours de date.

— Quoi! belle dame!... quoi, milady!... s'écria-t-il; — je ne m'attendais pas... Mais, au fait, tant mieux! J'aurai l'avantage de vous apprendre ce singulier événement dans ses plus minutieux détails... Figurez-vous, belles dames... car madame la princesse ignore peut-être aussi ce fait... Oui?... ah! ah! ma foi, tant mieux!... Figurez-vous...

Ici le petit homme raconta longuement, à sa manière, ce que nous savons de l'étrange maladie de miss Mary Trevor, puis il ajouta :

— C'était une catalepsie! une vraie catalepsie... Moore, — vous savez, ce cher docteur, — prétendait que jamais cataleptique ne revient à la vie... Erreur, belles dames; tel que vous me voyez, j'ai été vingt-neuf jours en catalepsie... Pendant ce temps je n'ai avalé qu'une cuillère à café de bouillon de coq... Mais ceci importe peu. Ce qui est certain, c'est que miss Trevor est sauvée, malgré Moore et la faculté, je parle sérieusement, belles dames...

Sauvée et debout, et marchant comme vous et moi.

— Voici une bonne nouvelle vicomte, dit Ophélie. Pauvre Mary! je suis heureuse d'apprendre sa guérison en même temps que sa maladie.

— Belle dame, vous avez un adorable cœur!... Mais là ne s'arrête pas l'histoire. Mary, revenue à la vie, a parlé tout autrement que naguère... On croyait, et moi tout le premier, qu'elle avait une inclination très prononcée pour ce cher marquis de Rio-Santo... Eh bien! pas du tout. Elle aime Frank Perceval, — un fort charmant garçon, madame, mais qui ne va pas à la cheville du marquis.

—Ceci est encore une bonne nouvelle, murmura la comtesse.

—Lady Campbell en sèche de dépit! poursuivit Lantures-Luces; — mais savez-vous, belles dames, que cette catalepsie est un mal éminemment pastoral et poétique, puisqu'elle ramène les jeunes ladies infidèles à leurs premières amours... J'espère que la plaisanterie ne vous semblera point dépasser les bornes des convenances... Mais ce n'est pas là la grande nouvelle... Il s'agit de notre cher Brian de Lancester...

Susannah laissa tomber ses deux bras et devint si parfaitement immobile qu'on eût pu la prendre pour une statue.

— Qu'est-il donc arrivé? demanda la comtesse.

— Je pourrais, sans risque aucun, vous le donner en mille, belle dame, mais j'ai toujours regardé comme étant d'un goût pitoyable la coutume de faire languir ses auditeurs... Voici le fait; il est presque incroyable... Brian est fou.

Susannah tressaillit, mais garda le silence.

— Y pensez-vous, vicomte! se récria Ophélie.

— J'y pense avec un chagrin réel, milady... Ce pauvre Brian!... Les journaux d'avant-hier l'accusaient d'avoir tiré un coup de pistolet sur la princesse Victoria de Kent...

— Il n'en est rien, je pense?...

Lantures-Luces haussa les épaules d'un air capable.

— Il y a pis que cela, madame! répliqua-t-il; — le fait est... et je le sais de bonne source, comme tout ce que je sais, — que Brian a escaladé de vive force, il y a trois jours, la serre japonaise du château de Kew.

— Pourquoi faire, bon Dieu?

Susannah respira et mit sa main sur son cœur.

— Pour conquérir un camélia, belle dame, un camélia qu'il aurait eu pour six pence chez le premier venu de nos marchands de fleurs.

— Et il n'a point donné d'autre symptôme de folie ? dit Susannah dont le front rayonnait de bonheur et d'orgueil au souvenir du récit de Lancester.

— Belle dame, répondit Lantures-Luces, vous êtes exigente ; je suppose que Votre Grâce ne trouvera pas le mot trop fort... Brian aurait, dit-on, essuyé le feu des gardes à cheval et crevé Ruby, — un coureur de cinq cents guinées, — pour un camélia de six pence... Il me semble...

— Mais si cette fleur avait pour lui un prix dont vous ne pouvez vous rendre compte, monsieur ?

— Ah !... fit le petit Français ; s'il faut parler sérieusement, je ne vois pas...

— Et qu'est devenu l'Honorable Brian de Lancester, en définitive? interrompit la comtesse.

— Je ne saurais vous dire, belle dame, répondit Lantures-Luces, — dans quel hôpital de lunatiques (*lunatic-asylum*) le gouvernement l'a fait enfermer.

Susannah perdit à ce mot ses brillantes couleurs.

— Enfermé! dit-elle, il serait prisonnier?...

— Oui, oui, milady, la chose, quant à cela, est positivement officielle... Il faut avouer que l'*eccentricity* passait les bornes permises... Mais le bon de l'histoire, c'est que le même jour, White-Manor, le frère aîné de Brian est tombé fou furieux, lui aussi... Il y a comme cela des épidémies de famille... Tel que vous me voyez, moi, j'ai eu deux petits neveux, les fils de ma demi-sœur, — qui sont morts de la coqueluche à vingt-quatre heures de distance... Je parle sérieusement.

Susannah penchait sa tête sur son sein et n'écoutait plus.

— Sa Seigneurie, le comte de White-Manor, a été transporté tout de suite à Denham-Park, l'*asile* des fous grands seigneurs... Peut-être Brian y est-il aussi... Je tâcherai de savoir cela.

Le petit Français se leva. Il était au bout de son recueil, et avait hâte d'aller donner ailleurs une seconde représentation avait l'heure du dîner.

Lorsqu'il fut parti, la comtesse essaya de diminuer l'impression produite sur Susannah par le récit qu'elle venait d'entendre, mais ce fut peine inutile. La belle fille, au lieu de prendre espoir, devenait de plus en plus triste.

— Il faut que je le cherche, Ophely, dit-elle enfin en se levant; — je crois deviner qu'il est en ce moment la victime de quelque perfide machination. — Je savais cette téméraire équipée du château royal de Kew; il me l'avait lui-même racontée... mais c'était pour moi, cette fleur, chère lady... est-on fou parce qu'on aime?...

— Vous êtes heureuse, Susannah! ne put s'empêcher de dire la comtesse qui fit sur elle-même un involontaire et pénible retour.

— Heureuse! répéta Susannah; — oh! oui, bien heureuse d'être aimée!... Mais vous ne savez pas, chère Ophely, les ennemis redoutables et cruels que cet amour lui a faits!... Ils sont sans pitié; toute arme leur est bonne et ils sont bien puissans... Peut-être souffre-t-il à cette heure, seul et m'accusant de l'oublier!... Il faut que j'aille à son aide...

La comtesse ne trouva point de paroles pour combattre cette résolution, qui eût été la sienne en pareille circonstance. Ne pouvant accompagner Susannah dans ses recherches, à cause de son excessive faiblesse, elle lui donna des instructions et des lettres pour les directeurs des principaux *asiles* et maisons de santé des environs de Londres, car elles avaient jugé probable qu'on n'avait point osé enfermer Brian dans l'un des dépôts de la ville.

Susannah partit ce jour-là même.

Il n'y a point dans tout l'univers un pays qui puisse rivaliser avec les îles Britanniques pour la *production* en fait de folie. En cela comme pour l'excès de la misère, comme pour la fréquence exagérée des crimes de toute nature, l'Angleterre est évidemment une contrée fertile entre toutes, un monstre de fécondité. C'est à peine si l'on peut dire que la folie y soit une exception, tant ses diverses variétés s'y multiplient chaque jour avec abondance, décimant les familles et jetant sur les trottoirs, aux risées de la populace, les scènes inattendues de ses lugubres comédies.

Des physiologistes ont pensé qu'il y avait dans la race anglo-saxonne, croisée depuis des siècles avec la race normande, un germe endémique de démence. — Il est certain que ce peuple, à part l'avarice et l'amour immodéré de la possession, n'obéit point aux mobiles communs aux autres nations. L'Anglais est attiré presque à coup sûr vers ce qui est bizarre; il y a en lui un élément d'inquiétude maladive, de tristesse sans cause et par conséquent sans remède, qui le suit partout et le désigne aux antipathies du reste du monde. Il veut ardemment parfois, mais il ne sait point jouir de sa volonté accomplie. C'est un grand enfant maussade, obstiné, possédant la science infuse des affaires dans le sens le plus large du mot, mais arrivant tout naturellement à l'absurde dès que le travail n'occupe plus ses loisirs.

Il y a dix à parier contre un qu'un Anglais qui n'est ni homme d'Etat ni marchand, est fou ou sera fou demain.

Ce qui n'empêche point les marchands et surtout les hommes d'Etat...

Mais soyons clémens une fois en ces pages, et n'assimilons pas à la démence complète les enfantines faiblesses du vainqueur de Waterloo.

Il faut penser que tous les sentimens mauvais et dont le principe est l'égoïsme, l'ambition, l'avarice, la convoitise, ont chez nous une portée si âpre, si envahissante, que nos cerveaux trop faibles n'y savent point résister.

Et puis nos brouillards, dont le spleen est la fleur, ont peut-être pour fruits la folie.

Toujours est-il que le fait est constaté officiellement. Nos comtés produisent, année commune, deux fois autant de fous que les provinces de France. Dans les bonnes années, la proportion double.

Aussi, par un sentiment, louable sans doute, mais où perce bien un peu d'égoïsme, nous mettons nos fous dans des palais. — Cela nous réjouit de voir en passant ces philanthropiques demeures, où, le cas échéant, une très jolie cellule nous attend.

Un dernier trait, tout à fait à la louange de nos mœurs. Sur dix maniaques, il en a communément cinq ou six qui ont noyé leur esprit dans le gin.

Il entrait dans notre plan de passer en revue d'une manière détaillée les principales maisons de fous de l'Angleterre, et Dieu sait que nous eussions eu fort à faire ! Mais, arrivé à un point de notre tâche où le dénouement, long-temps attendu, ne peut plus souffrir de retard, nous avons pensé que ces détails, si curieux et intéressans qu'ils pussent être, arrêteraient la marche de notre drame et prendraient ici physionomie de hors-d'œuvre.

Nos études sur ce sujet, d'ailleurs, ne sauraient être perdues. Il est toujours à propos, hélas! de parler folie, crime, misère, dès qu'il s'agit de la *joyeuse* Angleterre.

Susannah, conduite par l'idée qu'elle ne trouverait point Brian dans Londres, se rendit directement à Wakefield, dans le comté d'York. La maison Wakefield est l'*asile* modèle. Des commissions d'hommes pratiques et de savans viennent, pour le visiter, de tous les pays où la civilisation atteint de certaines limites. La France, les Etats-Unis nous envient cet établissement et les cinquante épreuves qu'on va en tirer dans les divers comtés.

La jalousie ne raisonne pas. Wakefield suffirait pour contenir tous les fous de la France.

Tous ceux du moins qui sont enfermés.

Et nos cinquante autres *asiles* logeraient convenablement les maniaques des cinq parties du monde, mises à part les possessions britanniques.

Susannah quitta Wakefield pour se rendre à l'asile d'York ; de là elle gagna Hanwell, situé à huit milles de Londres seulement, sur la route d'Uxbridge. A la vue de la tranquille et magnifique vallée où s'élève le vaste édifice, Susannah pensa peut-être comme bien d'autres que c'était là non point un hôpital, mais un temple païen érigé en l'honneur de la Folie divinisée.

A Hanwell non plus qu'à Wakefield, Susannah ne trouva nul indice qui pût la guider sur la trace de Brian; — elle visita sans plus de succès tous les autres établissemens publics et privés, tous jusqu'à la *Retraite* des Amis (quakers) du comté d'York.

Une fois pourtant elle crut être au bout de ses recherches. Ce fut dans l'opulente et aristocratique maison de santé fondée à Denham-Park par M. Benjamin Rotch, ancien membre du Parlement. Lorsque Susannah prononça en arrivant le nom de Lancester, on lui répondit qu'en effet un gentleman de ce nom était au château depuis deux jours. Susannah, joyeuse et impatiente, supplia les employés de la maison de l'introduire auprès de ce gentleman.

On lui ouvrit la grille d'un jardin ombreux où quelques hommes d'aspect tranquille et distingué se promenaient gravement.

— Attendez, milady, lui dit-on, le gentleman va venir avec ses gardiens.

Ce mot gardien a une consonnance farouche et néfaste qui ne le cède qu'à celle du mot geolier. L'imagination de Susannah vit tout de suite autour de son amant chargé de chaînes des hommes à mine terrible, — des gardiens.

Et pourtant le lieu ne prêtait point aux

inventions sombres. Ces frais et calmes ombrages appelaient bien plutôt des idées de paix et de bonheur.

La belle fille s'assit sous un berceau et attendit. — En attendant, elle ne put s'empêcher d'écouter la conversation de trois ou quatre de ces hommes graves dont le maintien respectable l'avait frappée à son entrée dans le park.

L'un d'eux prétendait être Napoléon, l'autre Luther, le troisième la lune et le quatrième une momie d'Egypte, restée depuis deux mille ans dans un parfait état de conservation.

Ils étaient du reste fort courtois et cachaient soigneusement la pitié qu'ils avaient les uns pour les autres. — C'étaient des fous d'excellent ton.

La momie surtout avait évidemment fréquenté la cour.

Au bout de quelques minutes, Susannah vit s'avancer vers elle un vieillard d'apparence souffreteuse et méchante à la fois, dont les gestes saccadés et le regard stupide peignaient énergiquement la folie. A ses côtés étaient deux gentlemen de tournure éminemment fashionnable, qui soutenaient ses pas et le comblaient d'attentions toutes filiales.

Le vieillard était l'homme qu'attendait Susannah ; les gentlemen étaient des gardiens.

Nous disons la vérité pure , on rencontre à

Almack bien des gentilshommes que le docteur Conolly (1) n'eût point agréés pour être gardiens dans sa maison de santé.

— Milady désire parler à milord ? dit l'un des deux gentlemen.

— Non, monsieur, non, répondit Susannah tristement ; — je croyais... ceci est le résultat d'une erreur.

Elle saluait pour se retirer, lorsqu'il arriva une chose étrange. Le comte de White-Manor avait tressailli faiblement au son de sa voix.

---

(1) Alors directeur de Denham-Park, maintenant médecin en chef d'Hanwell, homme d'une expérience précieuse et d'un très grand savoir.

Au moment où elle s'inclinait, il trompa par un bond subit la surveillance de ses gardiens et saisit le bras de la belle fille avec une extrême violence.

Les gardiens hésitèrent. Le cas était périlleux. Le moindre mouvement pouvait exalter la fureur du comte et mettre la vie de Susannah en danger.

Pendant qu'ils se glissaient doucement, essayant de se rapprocher du lord, celui-ci avait penché son visage abruti jusque sur la charmante figure de Susannah et la considérait avidement.

— Non! — non! — non! murmura-t-il par trois fois, je ne suis pas le père de l'enfant, madame!... Ah! si Dieu m'eût donné un enfant, je crois que je serais devenu bon.

Il entendit derrière lui les pas de ses gardiens et se retourna vivement.

— N'approchez pas! dit-il avec force.

Susannah avait dégoût et frayeur.

— Gilbert! reprit le lord, qui eut un éclat de rire sinistre, — apporte la corde... la corde de chanvre... L'enfant ressemble au mendiant d'Irlandais... il n'est pas à moi!

Il fit mine de saisir un objet que lui présentait un être invisible, et passa deux ou trois fois sa main fermée autour du cou de Susannah, comme s'il y eût enroulé une corde.

Les autres fous, disséminés dans le jardin, commençaient à s'assembler pour examiner curieusement cette scène. Comme chacun d'entre eux était accompagné de plusieurs gardiens, il y avait foule.

— Voyez! voyez! dit le lord, comme elle est restée jeune et belle!... moi, je suis vieux... N'est-ce pas injuste?... Il y a vingt ans qu'elle m'a trahi... Oh! je m'en souviens bien... Mais y a-t-il vingt ans ou était-ce hier?... Je ne sais... qu'importe!... vingt ans après comme le lendemain, la vengeance est bonne... Gentlemen! qui d'entre vous veut m'acheter cette femme?

Napoléon braqua sa main arrondie en longue-vue sur cette scène extraordinaire;

Luther en accusa le pape ; la lune menaça de se cacher sous un nuage, et la momie d'Egypte déclara que depuis deux mille ans elle n'avait rien vu de pareil.

Les deux gardiens de White-Manor le saisirent en ce moment.

Lorsqu'il sentit ses bras contenus par une force supérieure, il jeta sur la belle fille un regard envenimé de haine et dit :

— Ton enfant... Tu voudrais bien embrasser ton enfant, n'est-ce pas ?... Ecoute ! Elle est morte !.. elle est morte !.. elle est morte ! !..

Il prononça ces derniers mots avec un ricanement pénible, chancela entre les bras de ses gardiens et tomba, foudroyé par une attaque de son mal.

— Qu'on emporte cet homme! dit l'empereur Napoléon en puisant le tabac historique dans la poche de son gilet.

Luther récita un psaume en langue vulgaire afin de narguer le saint-siége. La lune annonça qu'elle entrait dans son troisième quartier et la momie d'Egypte supplia qu'on la reconduisît aux pyramides.

Puis tous les quatre reprirent leur promenade en se disant que c'est chose fort attristante de rencontrer ainsi un fou sur son chemin.

Susannah était restée à la même place, frappée d'une sorte de stupeur. Elle s'avait que cet homme était un fou; pourtant, sa vue et ses paroles avaient produit sur elle une impression qu'elle essayait en vain de chasser...

XXIX

LE CABANON.

Susannah fut quelque temps avant de se remettre du choc subi dans les jardins de Denham-Park. — Elle avait achevé sa tournée. Lorsqu'elle revit Londres, son absence durait depuis trois jours.

A Londres, elle commença sans retard de nouvelles recherches. Elle vit Saint-Lukes, le pauvre hospice d'Old-Street, Bethnal-Green, réceptacle immonde où s'entassent les aliénés qui n'ont point de ressources, horrible lieu s'il en fut, et rendu plus horrible peut-être par la gaîté intempestive et contre nature de son directeur. Ce brave homme, au milieu des affreuses misères qui l'entourent, semble être le plus heureux gentleman des Trois-Royaumes. Il plaisante, il rit, il confectionne de déplorables jeux de mots et donne complet gain de cause à ceux qui prétendent que la gaîté des Anglais est mille fois plus odieuse encore que leur tristesse.

Enfin, Susannah visita Bethlem-Hospital

(Bedlam). On lui montra des centaines d'insensés, mais on lui déclara que nul ne pouvait être admis à voir les aliénés au secret.

Les aliénés au secret! Chacun sait que l'Angleterre est un pays très libre. Mais que vous semble cette alliance de mots : *aliénés au secret?* — On prétend que Bedlam, hospice pour moitié, pour moitié prison, sert d'oubliettes au cabinet de Saint-James. De fait, il faut bien qu'il y ait quelque chose sous cette énormité : des aliénés au secret!

Ce doit être, en vérité, une horrible captivité : comment traduire ces mots : aliénés au secret, autrement que *gens sains d'esprit, séquestrés sous prétexte de folie?* Une fois l'idée sur cette voie, l'imagination s'effraie et refuse de se figurer les détails d'un supplice moral long, incessant, implacable, et que les langues humaines n'ont point de mots pour décrire.

Susannah sortit, persuadée que Brian de Lancester était sous les verroux de Bedlam.

Elle ne se trompait point. Lancester avait été conduit à Bedlam sur la requête de son frère, ou plutôt sur la requête signée par Tyrrel. La couleur politique qu'on n'avait point manqué de donner à son arrestation et le mystère qui continua de couvrir durant les jours suivans, faute de gens intéressés à soulever le voile, le prétendu acte d'agression contre la jeune héritière de la couronne, furent cause qu'on remplit à la lettre les instructions de White-Manor et de Tyrrel. Brian fut traité en criminel d'état qu'on ne veut point juger et dont on veut se défaire, ou tout au moins qu'on veut ensevelir dans l'oubli.

Qu'on nous permette de constater, en passant, combien est élastique et précieuse cette accusation de folie, jetée ainsi à l'improviste à la tête d'un homme réputé dangereux, pour quelque cause que ce soit. Si nous nous taisions à ce sujet, on pourrait croire que, comptant outre mesure sur la crédulité du lecteur, nous avons prétendu transporter dans Londres moderne les oubliettes du moyen-âge, ou tout au moins la Bastille française, — telle que la dépeignent les beaux-esprits de taverne et de comptoir. Mon Dieu, non! nous ne disputons nullement à l'Angleterre ses libertés tant vantées ; seulement, nous affirmons qu'il est à Bedlam plus d'un malheureux qui demande avec larmes Newgate, — la déportation, — l'échafaud !

Mais cela n'attaque aucune des libertés anglaises. Ces malheureux sont suppliciés de la façon la plus constitutionnelle.

Ils sont fous, légalement fous. Un docteur les a déclarés fous ; un jury d'enquête a constaté leur folie. Leur folie est chose démontrée aussi rigoureusement qu'une proposition géométrique.

Or, cependant, il se trouve qu'ils ne sont pas fous.

Comment cela? — Hélas! quel est le cerveau bien organisé où une idée chère, approfondie, choyée ne domine pas toutes les autres idées? C'est l'endroit sensible. De ce côté, l'intelligence s'exalte au moindre choc, l'esprit se passionne, la tête s'échauffe et se monte...

Pour un comité d'enquête, la sagesse c'est le sang-froid. — Si le hasard ou la perfidie porte l'interrogatoire sur ce terrain, la cause est jugée.

Tyrrel avait fait en sorte que l'interrogatoire de Brian de Lancester roulât sur le droit d'aînesse, et Brian, placé en face de gens prévenus, avait dû passer pour maniaque au premier chef.

Et en effet, ne s'était-il pas avisé de dire que le droit d'aînesse est une institution oppressive, barbare, dénaturée ? N'avait-il pas été jusqu'à prétendre que cette coutume immorale, et fondée sur les grossiers rudimens d'une politique à l'état d'enfance, doit amener, dans un temps donné, la désorganisation de la famille et la ruine de cette même aristocratie dont elle semble étayer si énergiquement les priviléges ?

Folie! folie complète, incurable et du plus bizarre acabit! manie plus étrange que de se croire Napoléon ou la lune!...

Ce fut l'avis du comité d'enquête.

Susannah ne savait rien de tout cela. Lorsqu'elle revint à Barnvood-House, après quatre jours d'absence, lady Ophelia l'embrassa les larmes aux yeux.

— J'ai fait ce que j'ai pu, chère Susannah, lui dit-elle. Dès qu'il m'a été possible de sortir, j'ai pris des renseignemens, et je l'ai trouvé...

— Où est-il? demanda la belle fille.

— A Bedlam... Mais le difficile n'était pas de le trouver... Je n'ose vous dire cela, chère lady... M. de Lantures-Luces ne nous avait point trompées... Il est à Bedlam sous la double accusation de folie et de crime d'état...

— Mais, interrompit Susannah, on n'aura pas de peine à prouver...

Elle s'arrêta, découragée par un regard d'Ophelia.

— Tout se fait à la requête du comte de White-Manor, dit cette dernière, — et le comte est puissant.

— Mais le comte est fou ! s'écria Susannah.

— C'était un faux bruit, assure-t-on...

— C'était un bruit fondé, milady ! J'ai vu le comte de White-Manor à Denham-Park, et le hasard m'a rendu témoin de l'un de ses effrayans accès.

Ophelia appuya sa jolie tête sur sa main et devint pensive. Susannah la regardait avidement, cherchant une lueur d'espoir sur ces traits délicats et fins, dont la souffrance n'avait pu déranger l'exquise harmonie.

— Brian est l'héritier de la pairie, murmura enfin la comtesse.

C'était un anneau détaché de la chaîne de ses réflexions. — Elle se leva sans ajouter une seule parole et se mit à son secrétaire pour écrire. Mais à peine eut-elle tracé deux ou trois lignes, qu'elle jeta la plume et repoussa le papier.

— Non, non, dit-elle ; il faut que je la voie moi-même... Brian est l'héritier de la pairie, et peut-être...

— Par pitié, chère lady, interrompit Susannah, donnez-moi ma part de vos espoirs.

Ophélie lui prit les deux mains et la baisa au front en souriant.

— Vous ne connaissez pas encore assez notre monde pour me comprendre, chère belle, répliqua-t-elle avec une sorte de gaîté : — l'héritier d'un lord qui se porte bien est un assez mince personnage ; mais quand le lord tombe malade, on compte avec son héritier...

Tout en parlant, elle jetait rapidement sur ses épaules une élégante écharpe et disposait ses cheveux sous son chapeau sans le secours de sa femme de chambre.

—Lady Jane B..., reprit-elle, m'a refusé son appui ce matin, mais Sa Seigneurie ne savait pas que le comte de White-Manor est fou...

— Et que peut une femme en tout ceci, Ophélie?

— Une femme, chère belle! lady Jane n'est pas une femme, c'est un whig... Elle a l'oreille du lord président du conseil des ministres et le cœur de S. A. R. le duc de.... Si je puis persuader à lady Jane que M. de Lancester votera avec le cabinet, la victoire est à nous.

— Oh! tâchez! tâchez, chère lady! s'écria Susannah à qui cette explication n'apprenait rien du tout.

Ophelia ouvrit la porte pour sortir.

— Ma voiture est tout attelée, dit-elle; prenez patience, Susannah. Dans une demi-heure je serai de retour.

Une minute après, la comtesse s'asseyait sur les moelleux coussins de son équipage.

Pendant que ses chevaux allongeaient sur le pavé sourd des larges rues du West-End ce trot choisi, national, inimitable, qui est l'orgueil des hôtes de nos écuries, quadrupèdes et sportmen, la charmante lady combinait son plan d'ambassade. Elle savait merveilleusement le monde ; elle était spirituelle et adroite autant que put l'être jamais fille d'Ève, et elle tenait par un petit coin l'intérêt des gens qu'elle allait solliciter.

La pauvre Susannah attendait. Oh ! que cette demi-heure lui sembla longue ! elle se rappelait minutieusement les moindres gestes, les moindres paroles de la comtesse ; tantôt un flux d'espoir montait à son cœur et la rendait heureuse, tantôt un découragement profond venait prostrer son âme. Elle se souvenait d'avoir vu des larmes dans les yeux de lady Ophelia, et ce souvenir lui était toute une révélation du sort de Brian. Elle avait deviné qu'on avait refermé sur lui la porte de Bedlam, comme on laisse retomber le marbre sur un cercueil.

Lady Ophelia la trouva agenouillée sur le tapis, les mains jointes et le visage baigné de larmes.

— Victoire ! s'écria-t-elle, en se jetant à son cou. La voix d'un lord ne saurait s'acheter trop cher... Victoire, chère belle !

Susannah demeura un instant comme étourdie de son bonheur. Puis elle pressa la main de lady Ophelia sur sa bouche, ne trouvant point de mots pour exprimer l'élan passionné de sa reconnaissance.

— Maintenant, c'est à vous d'agir, Susannah, reprit la comtesse en lui rendant gaîment ses caresses ; — il faut porter cette lettre au médecin en chef de Bedlam... C'est une *prière* du premier lord du conseil privé... Une prière de Sa Grâce vaut quelque chose de plus qu'un ordre... C'est la liberté de M. de Lancester.

— Sa liberté! répéta Susannah en joignant les mains; — oh! donnez, donnez bien vite.

Il y avait en ce moment à Bedlam, dans l'un des salons du corps-de-logis affecté à l'administration, trois graves gentlemen assemblés.

L'un d'eux, le docteur Bluntdull, alors médecin en chef de Bedlam, arrivait à la conclusion d'un très long discours, et disait :

— En cet état, messieurs et chers confrères, la folie de l'honorable gentleman me paraît être prouvée au delà du nécessaire, soit par les thèses extravagantes qu'il a soutenues dans ses interrogatoires, soit par l'acte inouï auquel l'a poussé le dérangement de ses facultés. Je ne crois pas devoir prendre la peine de résumer l'un après l'autre mes principaux argumens...

— Non, non, monsieur, interrompirent précipitamment les deux autres gentlemen.

— Et, finalement, en présence de ces symptômes impossibles à méconnaître, en présence de cette aliénation mentale manifeste, et sortant pour ainsi dire par tous les pores de l'Honorable Brian de Lancester, je conclus...

— Une lettre pressée pour monsieur le

docteur, dit en ce moment un gardien qui entr'ouvrit la porte.

— Fort bien!... Je conclus, disais-je...

— Il y a une lady qui attend la réponse dans le parloir, interrompit encore le gardien.

— Très bien!... Je conclus, disais-je donc...

— La lettre porte le sceau du conseil privé, ajouta le gardien qui entra tout à fait.

— Ah!... ah! bah! dit M. Bluntdull; — le sceau du conseil... Vous permettez, messieurs... Je vais conclure à l'instant.

M. Bluntdull ouvrit la lettre et braqua son binocle sur les quatre lignes qu'elle contenait. Tandis qu'il lisait, son visage n'exprimait rien du tout. C'était la manière d'être habituelle du visage de ce savant homme.

— Ah!... ah! bah! murmura-t-il quand il eut terminé... Peter, dites à cette lady que je lui offre mes complimens respectueux et que je suis dans une minute aux ordres de Sa Seigneurie... — Pour en revenir, messieurs, me fondant sur les motifs énoncés ci-dessus, je conclus à ce que notre rapport déclare que si jamais homme eut le plein et complet usage de toutes ses facultés, c'est le très Honorable Brian de Lancester.

Les deux autres médecins firent un bond sur leurs siéges.

—Mais vous disiez... commença l'un d'eux.

—Nous devions croire.... voulut ajouter l'autre.

M. Bluntdull se leva et arrêta d'un geste la discussion.

—C'est mon avis, prononça-t-il avec emphase en frappant involontairement la lettre ouverte du revers de sa main.

Les deux médecins regardèrent la lettre, puis se regardèrent. C'étaient des praticiens nécessiteux qui gravitaient, satellites modestes, dans l'orbite dont M. Bluntdull était l'astre principal.

— Je vois, reprit ce dernier, que nous nous

entendons à merveille... Rédigez le rapport, messieurs, dans ce sens, je vous prie... Pendant cela, je vais prendre sur moi d'ouvrir les portes de l'hospice à l'Honorable Brian de Lancester...

— Quoi ! si tôt que cela ! murmura l'un des médecins.

— Monsieur, répondit doctoralement Bluntdull, il n'est jamais trop tôt quand il s'agit de rendre à la société un membre distingué à tous égards et fait pour être son plus bel ornement.

Il sortit. — Les deux médecins subalternes se regardèrent de nouveau, hochèrent la tête en chœur et unirent leurs lumières pour rédiger le rapport.

Que ne peut une prière, timbrée du sceau du conseil, sur l'âme sensible d'un comité médical d'enquête!...

Brian de Lancester était depuis trois jours dans l'un de ces cabanons grillés où l'on enferme les fous furieux, — les fous *agités*, comme cela se dit à Bedlam. Il était littéralement chargé de liens. Chacun de ses membres adhérait étroitement aux parties correspondantes d'un meuble massif et de forme bizarre, qui porte le nom de *chaise de force*, et qui, avec son poids énorme et son système compliqué de courroies, défierait les forces d'un Hercule.

Ce que Brian avait souffert durant ces trois longs jours, il faudrait des volumes pour le décrire.

A sa droite, à sa gauche, il y avait des cabanons semblables au sien. Dans ces cages, rugissaient horriblement, nuit et jour, des bêtes furieuses, de ces fous comme on en trouve peut-être par tous pays, mais qui abondent dans les asiles d'Angleterre, créatures qui n'ont plus rien d'humain, brutes dont la bouche écume, dont la gorge râle, et dont l'œil sanglant roule, fouetté par la rage, comme s'il allait s'élancer hors de son orbite enflammée, damnés qui se tordent en hurlant et donnent dès ici-bas une idée de l'enfer...

On dit qu'Oxford, l'assassin de la reine Victoria, enfermé *par grâce* à Bedlam, est devenu fou au bout de deux semaines.

Brian de Lancester était une nature énergique, mais exaltée. Ce supplice atroce aurait, à coup sûr, produit sur lui le même résultat. Sa forte volonté l'avait néanmoins soutenu durant ces trois jours de tortures. Il n'était point abattu. Tel nous l'avons vu pendant le cours de ce récit, tel nous l'aurions retrouvé dans son cabanon de Bedlam. Seulement, l'effort qu'il avait fait pour ne point faiblir dans la lutte se lisait sur son visage amaigri et couvert de pâleur, et son œil avait pris, parmi sa sombre expression de résolution désespérée, quelque chose de hagard.

Susannah lui apparut, au sein de son ineffable misère, comme une radieuse vision. Il crut rêver d'abord et ferma les yeux pour garder quelques secondes de plus une illusion chère. — Il ne fallut rien moins que la voix positivement terrestre et peu angélique du docteur Bluntdull pour le rappeler au sentiment de la réalité.

Le docteur, en effet, ne croyant pouvoir trop faire après la lettre du ministre, avait introduit lui-même Susannah dans la cellule.

— Votre serviteur, milord, votre serviteur, dit-il ; — hum ! voici, je pense, une fâcheuse histoire... Après cela, — n'est-ce pas ? — hum ! trois fois vingt-quatre heures ne font pas un siècle ?

Lorsque Brian ouvrit les yeux, il vit Susannah agenouillée auprès de lui et qui tâchait en vain de dénouer les courroies de la chaise de force.

— Ne prenez pas cette peine, milady, poursuivit le docteur ; — on va défaire l'appareil.

On défit l'appareil.

Brian se mit sur ses pieds et frémit comme un lion captif qui revoit le désert et secoue sa crinière au vent libre des solitudes.

Il redressa sa taille ; ses yeux brillèrent ; sa bouche eut un sourire que ni plume, ni pinceau ne saurait retracer.

Puis il prit la main de Susannah qui tenait l'ordre d'*exeat* et l'entraîna sans mot dire.

— Ah !... ah ! bah ! grommela M. Bluntdull, il aurait pu me remercier.

La voiture qui portait Susannah et Brian roulait dans la direction du West-End. Brian regardait Susannah en silence et avec des yeux ravis.

— Merci, dit-il en prenant sa main, sur laquelle il mit un long baiser ; — merci, mon ange sauveur !

— Que vous avez dû souffrir, Brian ! murmura la belle fille ; et c'est moi qui suis cause...

Lancester fronça le sourcil.

— C'est vrai, répliqua-t-il à voix basse.

— Ce sont donc bien eux qui vous ont jeté dans ce cachot?

— Ce sont eux... eux et milord mon frère... mais me voilà libre, et j'ai un moyen de m'acquitter envers vous, ma Susannah... Il est une chose que votre noble cœur souhaite par dessus tout en ce monde...

— Quoi! dit la belle fille en pâlissant; sauriez-vous?...

Elle s'arrêta, et balbutia d'une voix à peine intelligible :

— Ma mère!...

Brian souleva sa main qu'il tenait serrée entre les siennes, et lui en ferma la bouche en se jouant. Il souriait et se sentait heureux d'entendre ce mot si tôt venu et qui lui donnait à voir toute la belle âme de Susannah.

Mais cette joie passa comme un éclair.

— Ne m'interrogez pas, répliqua-t-il, et dites-moi quelle retraite a choisie l'homme que vous appelez Tyrrel l'Aveugle?

— Oh! milord, s'écria Susannah tremblante, au nom de Dieu! n'affrontez plus sa colère!

— Sa colère ne peut plus rien contre moi, milady, et il faut que je le voie.

Susannah hésita.

— Il faut que je le voie, reprit Brian, sur-le-champ.

Ceci fut dit d'un ton si grave, que la belle fille n'osa plus résister. Elle indiqua la demeure du docteur Moore.

Brian mit aussitôt la tête à la portière et ordonna au cocher de se rendre au n° 10 de Wimpole-Street.

— Milady, je vous prie de m'attendre ici, dit-il au moment où la voiture s'arrêtait; — je vais bientôt revenir... Si je ne revenais pas...

Il s'interrompit et reprit presque aussitôt :

— Veuillez consulter votre montre... Si je

ne revenais pas dans une demi-heure, vous vous feriez conduire au bureau de police de High-Street et vous prieriez le magistrat de venir constater un meurtre.

— Oh! milord! milord! ayez pitié de moi, s'écria Susannah.

Brian ne répondit pas et descendit sur le trottoir; l'instant d'après, il franchissait désarmé le seuil de la maison du docteur.

Ce fut l'aide-pharmacien Rowley qui l'introduisit. Rowley, comme on le pense bien, n'ouvrit point du premier coup la porte du sanctuaire. Il examina le nouveau-venu dans tous les sens, et prononça sur divers tons le fameux ta ta ta ta! avant de se déterminer.

Mais les trois jours passés à Bedlam avaient mis sur le visage de Brian des signes de souffrance si peu équivoques, que Rowley vit en lui un client et un client très pressé.

— J'ai l'honneur de vous engager à vous asseoir, monsieur, dit-il avec beaucoup d'amabilité ; — je vais prévenir le docteur.

— C'est inutile, répliqua Brian qui prit un siége.

Rowley, qui était déjà à moitié chemin de la porte, fit une pirouette sur ses talons démesurément saillans, et se remit à examiner sans façon ce client extraordinaire qui disait : c'est inutile, lorsqu'on lui parlait de faire venir le docteur.

Le résultat matériel de cet examen fut un ta ta ta ta! énergique, accompagné d'un grattement d'oreille singulièrement significatif.

— Monsieur est peut-être un membre de Royal-College? dit-il ensuite avec une légère amertume : — nous en voyons tous les jours de nouveaux... Ta ta !... j'ai l'honneur de vous demander ce qu'il y a pour votre service?

— Dites à maître Tyrrel, répondit Brian, qu'un gentleman désire lui parler en particulier.

— Maître Tyrrel, répéta Rowley, maître Tyrrel... connais pas.

— Maître Spencer, si mieux vous aimez.

— Je connais beaucoup de Spencer, monsieur... Il y en a un qui s'est établi l'an dernier pharmacien dans Ludgate-Hill... mais...

— Je suis pressé, monsieur! interrompit Brian. Quel que soit le nom sous lequel se cache cet homme, Tyrrel, Spencer ou Edmund Makensie, je veux...

— Et que lui voulez-vous, s'il vous plaît, gentleman? dit la voix de Tyrrel qui passait en ce moment le seuil.

Brian se retourna. — Tyrrel ne l'eut pas plus tôt aperçu qu'il recula de trois pas et changea de couleur.

— Ah!... fit-il seulement dans sa stupéfaction profonde.

Puis il ajouta entre ses dents :

— Décidément, le diable s'en mêle !

Ceci se rapportait à une série de déboires éprouvés depuis peu par Tyrrel ; la fuite de Susannah et de Clary qu'il s'était chargé de garder, la triste issue du complot contre la Banque, etc., etc. — Tyrrel était en veine de malheur.

— Nous avons un long compte à régler ensemble, maître Ismaïl, lui dit Brian.

Le juif, faisant effort pour se remettre, s'avança lentement et chassa Rowley d'un geste.

— Les comptes les plus longs finissent par se débrouiller, milord, répondit-il, quand on sait s'y prendre comme il faut... Que réclamez-vous de moi?

— Je veux savoir le nom du père de Susannah, d'abord.

— Et ensuite ?

— Ce nom, d'abord, vous dis-je ! prononça impérieusement Lancester.

— Moi, je vous disais : ensuite? répartit le juif qui poussa du pied un fauteuil en face de Brian et s'y assit, — parce qu'il m'en coûtait d'entamer l'entrevue par un refus... Je ne veux pas vous dire le nom du père de Susannah.

— Prenez garde, Ismaïl !...

Le juif haussa les épaules avec cet air provoquant des gens qui veulent tâter le terrain et savoir les ressources de leur adversaire.

— Eh! milord, vous vous moquez, dit-il; —prendre garde! Je passe ma vie à prendre garde. La prudence est la première condition du commerce que je fais... Mais vous, n'avez-vous point songé à prendre garde, lorsque vous avez passé le seuil de cette maison?

— Si fait, répondit simplement Brian.

Tyrrel attendit durant quelques secondes, espérant que Lancester allait s'expliquer; mais Lancester garda le silence, ce qui porta le juif à réfléchir.

— Milord, reprit-il après une pause, vous me demandez là un secret qui est à vendre.

— Je ne refuse pas de le payer, dit Brian.

— C'est que vous êtes bien pauvre, milord ! ajouta Tyrrel en souriant ; plus pauvre que vous ne pensez... La main qui s'ouvrait dans l'ombre pour mettre tous les mois cent guinées à votre disposition, est aujourd'hui la main d'un pauvre prisonnier...

— Vous sauriez !..., s'écria vivement Lancester.

— Ce secret-là n'est pas à vendre, milord, interrompit Tyrrel avec gravité ; — donc, continua-t-il, vous voilà nu comme un mendiant... Mais, d'un autre côté, il y a une fortune de

prince suspendue au dessus de votre tête...
suspendue par un cheveu... Ne prenez pas la
peine de m'interroger avec menace comme
c'est l'intention de Votre Seigneurie : il me
plaît de m'expliquer clairement sur ce point...
White-Manor est épileptique et fou.

— Milord mon frère serait fou ! dit Brian
dont la voix exprimait une tristesse non
feinte.

Tyrrel éclata de rire.

— On dirait que vous n'avez pas fait de votre mieux pour amener ce résultat ! répliqua-t-il avec raillerie.

Brian courba la tête, non pas sous le sarcasme de ce misérable, mais sous le reproche de sa conscience.

— Si vous voulez, reprit le juif, je vous dirai en détail de quoi se meurt Godfrey de Lancester, qui était à Denham-Park pendant qu'on vous gardait à Bedlam... Figurez-vous que le pauvre comte a une drôle de folie. Il croit vous voir sans cesse, — et cela le tue.

— Assez ! prononça tout bas Brian.

— Oui, oui, c'est assez ! continua le juif en feignant de se méprendre ; — on mourrait à moins, en vérité !... Ah ! Votre Seigneurie a bien mené son duel avec le comte !...

— Assez, te dis-je ! s'écria Lancester avec

violence. Je suis venu pour savoir le nom du père de Susannah; je le saurai de gré ou de force.

—Il y a comme cela bien des choses que je voudrais savoir et qu'on ne me dit pas, répliqua froidement Tyrrel; — par exemple, je serais excessivement curieux d'apprendre quelle est la puissante fée qui vous a ouvert les portes de Bedlam?...

Lancester se leva.

— Maître Ismaïl, dit-il en tâchant de garder son calme, — on ne gagne pas deux fois, croyez-moi, la partie que vous avez jouée contre le gibet jadis.

— C'est mon avis, milord.

— Je vous donne ma parole de nobleman, reprit Brian, que si vous ne m'apprenez pas le nom du père de Susannah, je me rends chez le magistrat en sortant d'ici, et que...

— Votre menace pèche par sa base, milord, car il n'est pas très certain que je vous laisse sortir d'ici !

—Alors, maître Ismaïl, préparez votre antidote contre la corde. J'ai prévu le cas.

Tyrrel couvrit soudainement son visage de ce masque bénin et bonhomme que nous lui avons vu au commencement de ce récit. Ses yeux brillans s'éteignirent et se fixèrent, mornes, dans le vide, comme des yeux d'aveugle.

— Votre Seigneurie, dit-il humblement, vient de remporter une facile victoire sur un pauvre homme... qu'elle daigne se rasseoir... Je suis entièrement à ses ordres et prêt à lui apprendre ce qu'elle désire si ardemment savoir.

Brian se rassit.

Tyrrel le regarda un instant d'un air soumis. Puis ses prunelles s'allumèrent graduellement jusqu'à prendre cet éclat réellement diabolique sous lequel tremblait jadis la pauvre Susannah. En même temps sa lèvre mince se relevait en un sourire amer et cruel.

— C'est vous qui êtes cause que j'ai été pendu, milord, dit-il d'une voix brève et stridente, qui, frappant inopinément l'oreille de Lancester, donna un tressaillement à ses nerfs. — Sans vous, il y a long-temps que je serais riche à millions.. Susannah était ma fortune : vous m'avez volé Susannah !... Vous avez pris de triomphantes précautions, je pense, pour vous mettre à l'abri de mon poignard... Eh! milord, bien fou serais-je si je vous tuais autrement que selon votre fantaisie... Vous venez chercher un nom ; j'ai refusé de vous le dire d'abord, pour jouer avec votre angoisse, pour me railler un peu de cette lutte naïve que l'espoir livre en vous à la crainte... Car ce nom, milord, il y a bien des jours que vous l'avez deviné!

Brian, pâle comme un spectre, avait le front couvert de sueur et haletait.

—Sur mon honneur, balbutia-t-il, —non, je ne puis croire... non!

— Vous mentez, nobleman, reprit Tyrrel avec une joie hideuse ;—ce nom, je n'ai même pas besoin de le prononcer... votre conscience vous le crie... Eh bien! vous ne vous trompez pas. Il est son père, milord, elle est sa fille, et vous ne serez jamais son époux.

Brian poussa un gémissement étouffé, puis,

se levant avec effort, il se dirigea en chancelant vers la porte, tandis que Tyrrel lui jetait avec un ricanement haineux ces dernières paroles :

— Il y aurait pourtant moyen d'arranger tout cela, milord ; — devenez mon frère en religion... La loi de Moïse bénit ces sortes de mariages...

Brian pressa le pas et s'enfuit. — Il ouvrit la portière de la voiture, mais il n'y monta pas. Susannah, qui s'apprêtait à le recevoir, joyeuse, jeta un cri de terreur à la vue de ses traits bouleversés.

— Milady, murmura-t-il d'une voix brisée ;

— Susannah !... Allez... je ne puis vous suivre en ce moment... Adieu !

Il fit un signe au cocher qui se penchait pour demander ses ordres. La voiture partit.

Brian demeura un instant immobile, cloué au sol ; — puis on le vit s'éloigner, jeté tantôt à droite, tantôt à gauche par le flot des passans...

Le soir, Susannah reçut une lettre qui contenait seulement ces mots, avec la signature de Brian :

« Je ne vous verrai plus, Susannah, parce que je vous aime et que je suis le frère de votre père. Oubliez que nous eussions pu être heureux. De loin, moi, je veillerai sur vous, et vous aurez une consolation, car je vous rendrai votre mère. »

Susannah lut à travers ses larmes, et tomba, navrée, entre les bras de la comtesse.

XXX

LE VERDICT.

Nous laissons passer six semaines et nous nous retrouvons au mois de février 183.. — C'est vers cette époque que le Londres aristocratique s'anime. Les fenêtres des somptueux hôtels du West-End s'ouvrent, donnant passage à la fois aux regards des oisifs et à l'air extérieur qui va renouveller l'atmosphère des salons, clos durant les trois quarts de l'année. Les équipages sont déjà plus nombreux au Park ; on parle de l'arrivée de Duprez, des débuts de Carlotta Grisi ou des Elssler. English-Opera-House s'agite et se pare pour recevoir tous ces brillans talens que la France et l'Europe prêtent pendant quelques mois, chaque printemps, à notre sol infécond pour l'art. — La saison va commencer.

La *saison*, c'est Almack, c'est la cour, ce sont les soirées étouffantes des théâtres, les lectures pédantes, les promenades à Hyde-

Park, cette foire des équipages, la plus magnifique qui soit au monde ; ce sont les courses, les joûtes ruineuses des tripots; c'est le faste qui lutte contre le spleen, c'est le bruit qui se prend corps à corps avec l'ennui.

La *saison,* c'est encore pour la noblesse et le *gentry* anglais, si orgueilleusement prodigues à l'extérieur et si honteusement ladres dans les détails domestiques, le moment douloureux où l'on dépense en quelques semaines les trois quarts et demi du revenu annuel, — où l'on jette l'or par la fenêtre pour *paraître,* quitte à pousser jusqu'à ses plus fabuleuses limites la lésine du foyer pendant les longs mois qu'on doit passer à la campagne.

Tel gentleman, nous le savons, donne libéralement une guinée au groom du manoir où il s'est reposé quelques heures, qui se dispute avec son propre laquais pendant une demi-journée pour un shelling ; telle lady ajoute une banknote de cinq livres aux honoraires de sa modiste, qui rogne les modestes appointemens de sa femme de chambre et la met à l'hôpital en cas de maladie...

La cour d'assise du Middlesex tenait ses séances depuis une semaine environ dans Old-Bailey.

Il était onze heures du matin. Une foule immense se pressait aux abords de la cour de justice ; jamais la curiosité publique n'avait été plus vivement excitée. Les policemen avaient peine à défendre les issues du prétoire, dont les places réservées se vendaient jusqu'à dix livres sterling.

C'est qu'il s'agissait d'un procès de toute beauté. Les journaux avaient donné à l'affaire un retentissement gigantesque, dont elle était digne à coup sûr.

Le beau, le brillant, le fameux marquis de Rio-Santo s'asseyait depuis deux jours sur la sellette des criminels.

C'est une justice à rendre à notre fashion de dire qu'il n'abandonne point volontiers ceux de ses membres qui tombent sous le coup de la loi. Bien au contraire, nous sommes autorisés à penser que nos charmantes ladies ont un faible pour les héros de cour d'assises.

Ceci est une conséquence directe de leur amour immodéré des *eccentricities* de tous genres. Et, au fait, notre philosophie politique étant ce qu'elle est, nous demandons quelle différence logique on peut établir entre un héros et un voleur.—Le missionnaire dont certains de nos journaux hurlent les louanges au moment où nous terminons ces pages, M. Pritchard, l'apôtre-Figaro de Taïti, n'est-il pas sur la grand'route qui mène à notre Panthéon?

Lords et belles dames faisaient donc *rush* ici tout comme les petites marchandes de Poultry et les redoutables femelles des watermen. C'était une mêlée épouvantable, et nous eussions eu beaucoup de peine à distinguer dans la foule nos amis et connaissances. — Néanmoins, à force de chercher, le visage évaporé du petit Français Lantures-Luces aurait frappé nos regards, auprès du profil équestre de lord John Tantivy. — Un peu plus loin, huit chapeaux de paille ornés de rubans extraordinaires recélaient les huit chefs de nos aimables commères de Finch-Lane, mistress Dodd, mistress Bull, mistress Crosscairn et autres dont nous avons oublié les noms harmonieux. Ces huit recommandables personnes venaient de prendre le thé chez mistress Bloomberry, laquelle était bien triste, parce qu'elle n'avait pu vaincre la froideur du beau capitaine Paddy O'Chrane. Nonobstant sa tristesse, mistress Bloomberry jouait de la langue aussi énergiquement que ses compagnes, et nous avons un vif regret de passer sous silence les choses remarquables qui furent dites en cette circonstance par ces fleurs de la Cité de Londres.

Tout auprès de la porte d'entrée il y avait une femme vêtue de deuil, dont le visage se cachait derrière un voile noir épais.

La foule roulait comme une mer et grondait davantage. C'était un odieux concert de voix glapissantes et gutturales, prononçant les mots chargés de consonnes de la langue anglaise, et parcourant dans tous les sens les notes déchirantes et fausses de notre mélopée familière.

Vers onze heures et un quart, les constables, soutenus par quelques policemen, ouvrirent un passage à la voiture de l'accusé.

Les dix mille spectateurs se guindèrent sur leurs pointes et ne virent rien du tout.

M. le marquis de Rio-Santo, portant sur son noble visage un air de distraction et d'indifférence, descendit au seuil d'Old-Bailey.

En ce moment la femme vêtue de noir souleva son voile et découvrit les traits pâlis de lady Ophelia, comtesse de Derby. Les yeux du marquis se tournèrent vers elle par hasard, et dès qu'il l'eut aperçue l'expression de sa physionomie changea complétement. Tout ce qu'il peut y avoir de plus tendre dans le respect, de plus affectueux dans la reconnaissance vint animer son regard, qui caressa un instant avec amour le front baissé de lady Ophelia. C'était un remerciement muet, mais éloquent, où il y avait de l'admiration émue et le témoignage d'une ardente gratitude.

Ophélie laissa retomber son voile, mais pas assez vite pour cacher un mélancolique sourire, traversé par deux larmes silencieuses qui roulèrent lentement sur sa joue.

Nous qui l'avons vue, brillante et fière, passer, au bruit des complimens adulateurs et des mondaines flatteries, parmi la foule envieuse de ses rivales vaincues, nous aurions eu grand'-peine à la reconnaître ce jour-là, seule, les pieds sur le sordide pavé d'Old-Bailey, et tenant sa place aux premiers rangs de la cohue brutale qui guettait l'arrivée de l'accusé. Elle était si changée d'ailleurs! Il y avait dans ses yeux fatigués de pleurer tant de découragement et d'angoisse !

Oh! le marquis avait raison de remercier et d'admirer. Cette femme qu'il avait délaissée aux jours du bonheur venait de lui donner tout ce qui lui restait ici-bas. Elle avait déchiré pour lui le voile mystérieux où s'enveloppait jusque alors sa faiblesse; elle avait montré à tous son amour et ses larmes, bravant ainsi, bravant sans remords ni regret l'implacable vengeance d'un monde qui ne sait point pardonner une faute avouée, parce qu'il épuise son indulgence à fêter le vice hypocrite. Elle avait, dans le zèle hardi de son dévoûment, lassé la patience des juges; elle s'était jetée aux pieds des ministres; elle avait pleuré, humiliant chaque jour sa superbe de grande dame ; elle avait prié, à genoux devant ses rivales.

Et partout repoussée, couverte partout de mépris impitoyables, elle s'était redressée, forte sous les dédains. Sa pauvre âme, saturée d'amertume, n'avait point fléchi dans sa tâche. Patiente devant le sarcasme, humble devant l'insulte, elle avait répondu à tous les outrages :
— Pitié pour lui, pitié pour lui !

En ce moment sans doute, sa présence en un tel lieu eût été un précieux sujet de récréation pour Tantivy et ses amis qui hennissaient, pour tuer le temps, des plaisanteries de mauvais goût ; et peut-être l'excès de souffrance de la pauvre Ophélie eût fini par attirer l'attention de la foule, si une femme qu'elle ne connaissait point ne lui eût offert son aide. La comtesse, en effet, à l'instant où Rio-Santo franchissait pour la dernière fois le seuil d'Old-Bailey, sentit son cœur défaillir et chancela sur ses jambes subitement engourdies. — Un bras se glissa autour de sa taille et la soutint doucement.

Ophélie se retourna; celle qui lui portait secours était une femme de grande et riche taille, vêtue de deuil comme elle et comme elle voilée.

Cette femme, soutenant toujours Ophélie, perça la foule et gagna l'une des rues adjacentes.

— Que Dieu vous récompense, milady!

murmura-t-elle alors en mettant un flacon de sels sous les narines de la comtesse ; j'aurais bien voulu faire ce que vous avez fait... mais je ne suis qu'une pauvre femme et vous êtes une noble lady... Que Dieu vous récompense !

— Qui êtes-vous ? demanda la comtesse.

— Je me nomme Fanny Bertram, répondit la femme voilée ; — je l'ai aimé comme vous l'aimez... Vous verrez, vous aussi, qu'on ne peut point l'oublier !... Et je sais que vous avez prié pour lui, pleuré pour lui... Merci, merci madame, et soyez bénie !

Fanny Bertram toucha de ses lèvres la main de la comtesse et se perdit dans la foule.

M. le marquis de Rio-Santo était devant ses juges. On supposait que cette séance terminerait les débats et amènerait le verdict du jury.

Le principal témoin, Angus Mac-Farlane, du château de Crewe, manquait au procès. Toutes es recherches pour le trouver avaient été vaines : on ne savait ce qu'il était devenu.

Frank et Mac-Nab étaient là pour le remplacer. — Auprès d'eux, témoin bénévole, s'asseyait Sa Grâce, le prince Dimitri Tolstoï, ambassadeur de Russie, dont le témoignage avait plus d'une fois foudroyé Rio-Santo durant le cours des débats.

On conviendra que le Tartare, par sa nation, par son caractère et par le pitoyable rôle qu'il avait joué naguère vis-à-vis du marquis, avait parfaitement le droit de se montrer lâche, perfide et sans pitié.

Il était de ces hommes, nombreux en tous pays, et fort honorés d'ailleurs, qui lèchent les pantoufles du vainqueur et mettent le talon de leur botte sur le front du vaincu.

Au dehors, la foule s'était décimée, mais il restait encore sur le pavé une cohue honnête et capable d'étouffer çà et là une femme, un enfant, un vieillard.

La plupart des gens qui avaient quitté le pavé n'étaient pas d'ailleurs très loin et attendaient, dans quelque public-house des environs l'issue du procès et la sortie du condamné, car la condamnation ne soulevait pas l'ombre d'un doute.

La *Famille* entière était en émoi. Aucun de ses membres, à l'exception du marquis, n'avait été mis en cause, parce que la déposition de Mac-Farlane, faite au bureau de police de Westminster, ne mentionnait que le marquis, tout en promettant des révélations ultérieures et une liste des pricipaux lords de la Nuit.— A dater de cette soirée même, on avait perdu la trace du laird, qu'on supposait avoir été assassiné par la Famille.

Mais le marquis tout seul suffisait bien à occuper l'attention générale. Les hommes de la Famille savaient désormais qu'il était ce chef mystérieux, dirigeant dans l'ombre leurs mouvemens et régnant sur eux en monarque absolu. Chacun avait tâché de le voir, chacun l'avait vu, et l'aspect vraiment royal de cet homme étrange avait fait sur tous une profonde impression.

Pendant que le procès suit son cours, nous retrouvons les personnages subalternes de notre drame assemblés dans le spirit-shop de Jack Gibbet, Fleet-Lane, à quelques pas d'Old-Bailey.

Nous avons trop souvent décrit dans ce récit la distribution intérieure des public-houses de bas étage, pour avoir besoin de dresser la carte du spirit-shop de Fleet-Lane. C'était un bouge dans le genre de *la Pipe et le Pot*; seulement il y avait un parloir réservé pour les clercs de sollicitors et les bas-officiers de la justice, qui étaient les gentlemen de l'endroit.

A une table de ce parloir réservé, tout près de la porte du parloir commun, le capitaine Paddy O'Chrane prenait ses douze sous de gin mélangés d'eau froide, sans sucre, avec une idée de citron. Il était seul. — Non loin de lui, Snail, Madge, Loo et Mich dont la figure en triste état gardait les marques du terrible poing de Turnbull, occupaient la première case du parloir commun. A la table suivante, Bob Lantern et Tempérance partageaient maritalement une cruche de porter. — Enfin, dans un coin éloigné, Donnor d'Ardagh prenait son repas du matin. Il était enfoncé dans l'angle de sa case et nul n'avait remarqué sa présence.

On avait parlé d'abord du procès, puis, ce sujet épuisé, on en était revenu au grand événement du pillage manqué de la Banque et aux incidens qui en étaient résultés.

— C'eût été un *fun* fameux! dit Snail; — moi et ma sœur Loo nous nous étions postés au coin de Poultry... Mais voyez donc comme Loo souffle, la pauvre fille!... Mich, donnez à boire à votre femme, mon beau-frère!

Mich versa un verre de gin que Loo voulut avaler, mais la pauvre enfant ne put le porter jusqu'à ses lèvres. Le verre s'échappa de sa main tremblante et se brisa sur le carreau.

— Signe de mort! dit Mitchell.

— Bah! s'écria Snail; — versez un autre verre, Mich : c'est moi qui paie...

Loo s'était levée, haletante et les deux mains sur sa poitrine qui la brûlait. Elle se coucha tout de son long sur un banc.

— Voyez, Tempérance, dit paternellement Bob Lantern à sa femme; — voyez où conduit l'abus des liqueurs fortes, mon trésor.

— Oh! mon joli Bob, répondit Tempérance en caressant l'affreux menton du mendiant; je n'ai pas bu ce matin la valeur d'une pauvre pinte de gin!...

— Et après tout, reprit Snail, il se pourrait bien que ce fût signe de mort; car Son Honneur est dans une mauvaise passe... Mais pour en revenir à moi et à ma sœur Loo, quand les soldats arrivèrent... Écoutez cela, ma femme Madge et vous verrez si votre mari est un homme, que l'enfer me brûle!... Quand les soldats arrivèrent, il y eut des sots qui voulurent les attaquer... Les soldats chargèrent et nous ramenèrent bon train jusqu'au purgatoire de White-Chapel, qui était vide, puisque tous les oiseaux avaient pris leur volée... Joé, qui était de garde, fit jouer le ressort de l'entrée donnant sur le *lane;* le mur du rez-de-chaussée s'ouvrit comme vous avez pu voir et moi aussi, — et ma sœur Loo de même, — des murailles enchantées s'ouvrir au théâtre d'Adelphi... Nous nous jetâmes dans la salle basse ; les soldats nous suivirent... Ah! ah! vous allez voir!... Nous autres qui savions le chemin, nous courûmes à gauche, mais les pauvres diables de soldats s'arrêtèrent dès que la porte se fut refermée derrière eux... Ils s'arrêtèrent et ne dirent mot.

Le lecteur doit se reporter, pour comprendre le récit des prouesses de Snail, à la description de l'entrée secrète du *Purgatoire*, que nous avons faite lorsque lady Jane B... vint dans ce repaire, conduite par la contessa Contacouzène, pour racheter le diamant de la couronne dérobé à Covent-Garden.

Snail poursuivit :

— Fumez ma pipe, ma jolie Madge ; vous me la rendrez quand j'aurai fini... Il faisait noir, pardieu ! comme dans un four... Je me mis à marcher tout doucement pour arriver jusqu'au trou de précaution qui est entre la rue et la porte de la salle... Une fois au bord du trou, je dis : Allons, camarades, allons !... Te souviens-tu de cela, ma sœur Loo ?

Loo ouvrit ses yeux éteints et les referma aussitôt sans répondre.

— Loo est malade, reprit Snail ; — ce ne sera rien si on lui donne à boire... Les soldats m'entendirent et s'élancèrent... Ah ! ah ! le trou est profond !... Ceux-là ne diront pas où est situé le Purgatoire !

— Je veux être bouilli, dit le capitaine, bouilli dans la chaudière de Satan, — que diable! — si cet enfant-là n'est pas le plus fin de nous tous.

— Ecoutez, ma femme Madge! s'écria Snail; — écoutez ce qu'on dit de votre homme, un million de blasphèmes!

— Ça dut mécontenter durement les soldats, fit observer Bob, — de mourir comme ça au fond d'un trou... Combien étaient-ils?

— Une douzaine, ami Bob.

— A supposer que chacun eût seulement trois shellings... dans sa poche... et un soldat du roi peut bien avoir trois shellings... cela fait près de deux guinées de perdues!

Bob soupira ce calcul en *a-parte*.

— Oh! oh! je souffre, mon Dieu! râla en ce moment la petite Loo. — Ma sainte mère, priez pour moi!

Donnor d'Ardagh, qui était seul dans sa case, tressaillit douloureusement au son de la voix de sa fille et se rapprocha involontairement. Snail, de son côté, s'était levé, tenant en main un plein verre de gin.

— Ouvre la bouche, ma sœur Loo, dit-il.

La petite fille obéit et Snail lui fit boire le gin jusqu'à la dernière goutte.

Loo roula un instant ses yeux enflés subitevieu et se dressa sur ses pieds comme si elle eût reçu un choc galvanique.

— A boire encore! à boire! cria-t-elle de sa voix enrouée.

Et l'ivresse lui montant au cerveau avec violence, elle se prit à valser en chantant comme toujours son monotone refrain. — C'était pitié! La malheureuse enfant perdait le souffle à cet effort insensé. — Donnor d'Ardagh, debout et appuyé contre la boiserie de sa case, la regardait les larmes aux yeux.

— Bonjour, Dad, dit Snail qui l'aperçut de loin ; — Madge, saluez le père de votre homme!

Le capitaine Paddy mit sa tête et son long col hors du parloir réservé.

— Quelqu'un parmi vous, demanda-t-il, abjecte espèce, mes bons garçons, peut-il me dire s'il est vrai que Mr et mistress Gruff aient disparu de l'hôtel du *Roi George*?

— Moi, capitaine, moi, Satan et ses cornes! répondit Snail; — je puis vous dire cela et bien d'autres choses, pardieu!... Ecoutez, vous autres; il y a une histoire... C'était encore la fameuse nuit. En sortant du Purgatoire, où j'avais mis les soldats dans le trou; je me dis : Snail, un gentleman comme vous doit avoir été spécialement signalé à la police... C'était mon avis, que diable!... Je laissai ma sœur Loo s'en aller toute seule à la maison et je pris le bord de l'eau pour me rendre en toute sûreté à l'hôtel du *Roi George* où je voulais me cacher... Voilà qu'en arrivant au pont de Blackfriars... c'est drôle, vous allez voir... j'aperçois un grand diable de fou qui regardait l'eau par dessus le parapet en chantant une vieille chanson écossaise... Je m'approchai... Il m'entendit et s'élança sur moi comme un furieux.

— Regarde, me dit-il, regarde... les vois-tu ?... Voilà Gruff et sa femme... voilà Clary... Clary et Anna !... Voilà... oui, oui, le voilà ! voilà mon frère Fergus !

Il me montrait la Tamise où il n'y avait rien du tout... N'est-ce pas que c'est drôle ?

— Après, bandit en herbe, après! dit le capitaine.

— Après?... ma foi, si je n'eusse pas été un homme, il m'aurait fait peur! reprit Snail;— mais, Dieu merci, je ne connais pas beaucoup de gentlemen qui soient aussi braves que moi... Après?... Du diable! s'il ne se mit pas à pleurer comme une fontaine.

— Morts... ils sont tous morts! disait-il;— je les ai tous tués!

Et au moment où j'y pensais le moins, il me lâcha et s'élança par dessus le bord dans la Tamise. — Moi, je sais nager, mais il faisait froid, et d'ailleurs ce n'était qu'un fou. — Je regardai. Je le vis sortir de l'ombre du pont et flotter comme s'il n'eût pu s'enfoncer sous l'eau, car il ne nageait pas... Au bout de quelques secondes, sa voix s'éleva de nouveau et vint jusqu'à moi... il chantait... attendez! quelque chose de drôle :

> Le laird de Killarwan
> Avait deux filles.
> Jamais n'en vit amant
> D'aussi gentilles
> Dans Glen-Girvan.

Et d'autres couplets dont je ne me souviens plus... Il chanta long-temps... puis sa voix s'éteignit et je ne vis plus rien sur l'eau.

— Mais Gruff, petit-fils de Satan?

— Patience, capitaine, tonnerre du ciel!...

Quand le fou fut noyé, je poursuivis ma route vers l'hôtel du *Roi George*. La porte était ouverte... Personne dans la salle basse... En haut... ma foi ! le fou disait peut-être vrai : il se peut qu'il vît dans la Tamise les corps de Gruff et de sa femme, car, en haut, il y avait du sang et voilà tout.

— Il se perd comme cela dans l'eau, murmura Bob, pour plus de cent livres de *sujets* chaque année !

— De sorte que, cornes de Belzébuth, dit le capitaine, Gruff et sa femme sont morts... C'étaient de braves compagnons, bien qu'on puisse affirmer que l'univers entier ne renfermait point de scélérats plus pervers...

On entendit à cet instant le bruit de la chute d'un corps sur le carreau du public-house. — Chacun se retourna vers Loo qu'on avait oubliée.

Elle était étendue, baignée de sueur, sur le sol.

— Je brûle!... je brûle! murmurait-elle; — ôtez-moi... oh! par pitié! ôtez-moi le feu que j'ai là-dedans!

Elle pressait à deux mains sa maigre poitrine.

Donnor d'Ardagh s'était élancé vers elle. Il se mit à genoux.

— Ce ne sera rien, dad, dit Snail.

— Le daddy! prononça faiblement Loo ; — Dieu est bon de m'avoir donné la vue de mon père à cette heure... oh! daddy! je vous en prie... éteignez ce feu... ce feu que j'ai là-dedans!

— Buvez, ma sœur Loo, reprit l'intrépide Snail; ce ne sera rien.

La petite fille secoua la tête et repoussa le verre de gin, à l'inexprimable étonnement de Tempérance, qui fit un geste involontaire pour s'en emparer.

— Daddy, murmura Loo ; — cela me fait grand bien de vous voir... Que faut-il dire à ma mère de votre part?... Je vais vers ma bonne mère... Oh! le feu s'est éteint... je ne souffre plus.

Elle ferma les yeux. — Ses traits hâves et flétris eurent un doux sourire d'enfant qui s'endort.

— Voilà qui est passé! dit Snail.

Donnor, toujours à genoux, se pencha sur le front de Loo immobile et y mit un baiser en pleurant. — Puis il joignit les mains comme pour prier. — Puis encore il étendit sur Loo sa houpelande de toile.

— Pourquoi tout cela, daddy? demanda Snail.

— Parce qu'elle est morte, enfant, répondit Donnor?

En même temps, il souleva dans ses bras le pauvre petit corps de Loo et sortit à pas précipités.

Il y eut dans le public-house un moment de silence lugubre.

— Voyez, Tempérance! murmura Bob; — voilà une terrible leçon!

— Oh! oui, mon gentil garçon, répondit la grande femme; — et voyez, c'est comme cela que je mourrai si vous ne me donnez pas six pence pour acheter du gin!

— Ma femme Madge, dit Snail en tâchant de

ne point pleurer, — je suis un gentleman et ne voudrais pas me comporter comme un enfant... mais je pense qu'il est permis de regretter sa sœur... Ma pauvre Loo! ma pauvre Loo!... Je ne pleure pas, Madge!

Snail se tourna brusquement vers la muraille, parce qu'une larme mouillait sa paupière et qu'il avait honte.

Le silence qui régnait dans le public-house n'avait pas encore pris fin, lorsqu'on entendit au dehors un long et bruyant bourdonnement.

Tous les membres de la Famille se levèrent d'un mouvement commun et se dirigèrent vers la porte.

— C'est le verdict! se disait-on, c'est le verdict!

— C'est le verdict! répéta Tom Turnbull qui entrait en ce moment et repoussa la porte d'un coup de pied qui faillit la mettre en pièces.

— Et quel est ce verdict, Tom, mon camarade? demanda Paddy O'Chrane, oubliant de blasphémer dans son empressement.

Les autres gens de la Famille, au lieu de sortir, entourèrent aussitôt Tom Turnbull.

Celui-ci se jeta sur un banc et demeura un instant silencieux. Son rude et grossier visage exprimait une profonde émotion, combattue par les habitudes d'un caractère insouciant et cynique.

— Je ne le connais que d'hier, dit-il enfin avec brusquerie ; mais si, en donnant ma peau, j'espérais le sauver, je la donnerais.

— Il est condamné ?... balbutia le capitaine, ému, lui aussi, pour la première fois depuis bien des années.

— A mort ! répondit Turnbull.

XXXI

LE CASSE-COU.

Fergus O'Breane, sujet anglais, se disant don José Maria Tellès de Alarcaon, marquis de Rio-Santo, grand de Portugal, etc., avait été déclaré coupable sur la question de l'assassinat de M. James Mac-Nab, esq., avocat près les cours de justice de Glasgow, — coupable aussi sur la question d'association illicite et de complicité dans une tentative de pillage de la Banque.

Quant à la question de haute trahison, le solliciteur de la couronne l'avait préalablement écartée par ordre supérieur.

Les États n'aiment point à constater qu'il soit possible de conspirer contre eux.

Fergus O'Breane avait déclaré accepter l'arrêt prononcé d'après la sentence du jury, — déclarant en outre avoir commis les actes qui motivaient ce verdict et ne se point repentir de les avoir commis.

On avait fixé un bref délai pour son exécution publique, par la corde, devant Newgate, et Londres tout entier se promettait d'assister à cette pendaison fashionable.

Mais Fergus O'Breane, à part ses autres dires qui furent jugés hardis, téméraires et subversifs par tout ce qui portait perruque dans les Trois-Royaumes, avait déclaré à haute et intelligible voix, dans l'enceinte même d'Old-Bailey, devant les juges, aldermen, greffiers, avocats, etc., etc., stupéfaits de tant d'audace,—qu'il ne serait jamais pendu.

Ceci, du reste, fut regardé comme une pure rodomontade, et les nobles salons du West-End se préparèrent sérieusement à donner une dernière marque de sympathie au LION, au roi de la mode, à l'astre éblouissant de tant de belles nuits de fêtes, en venant en masse, gantés de frais, fardés, parés, — au sortir du bal peut-être,—le voir pendre haut et court.

Il était environ dix heures du soir. C'était le surlendemain de la condamnation de M. le marquis de Rio-Santo. Anna et Clary Mac-Farlane étaient couchées toutes les deux et toutes les deux immobiles. Mais, tandis qu'Anna dormait déjà profondément, on eût pu voir l'œil de Clary grand ouvert et brillant d'un éclat fiévreux, se fixer avec inquiétude sur le lit de sa sœur, comme pour constater son sommeil.

Après le premier moment de joie, causée

par le retour inespéré des deux sœurs, tout était redevenu bien triste dans la maison de mistress Mac-Nab, on n'avait point tardé à s'apercevoir qu'Anna et Clary, quoique différemment affectées, étaient blessées toutes les deux. Anna, enfant douce et naïve naguère, avait maintenant un secret; mitress Mac-Nab surprenait souvent à ses jolis yeux, autrefois si bien habitués au sourire, des traces de larmes.—Quant à Clary, son esprit et son cœur semblaient frappés du même coup funeste. Elle souffrait, la pauvre fille, un mal silencieux, inconnu, et ses facultés mentales ne voulaient point se rasseoir. Stephen l'entourait de soins; Anna tâchait de sourire pour égayer cette longue et morne tristesse. C'était en vain. Le choc avait été trop violent. C'étaient des semaines et des mois de bonheur qu'il eût fallu pour remède à cette maladie de l'âme et du corps.

Et Clary ne pouvait pas être heureuse, puisqu'elle aimait ardemment et sans mesure un absent, un inconnu, un homme qu'elle ne devait peut-être plus revoir.

Le jour, elle passait de longues heures assise derrière le rideau de sa croisée, regardant sans relâche les fenêtres de la maison carrée, guettant un mouvement des draperies, un signe qui lui annonçât la présence d'Edward.

Mais elle n'apercevait rien. — Et quand Stephen ou mistress Mac-Nab venait la chercher pour l'enlever aux tristes rêveries de sa solitude, elle les suivait, obéissante, silencieuse, morne...

Elle quittait sa croisée comme on quitte un ami doux à sentir près de soi, qui sait engourdir votre peine sinon vous consoler. Elle la quittait pour revenir bien vite et pour guetter encore.

Une fois, mistress Mac-Nab monta l'escalier plus vite que d'habitude et lui dit avec cette gaîté que savent prendre les mères auprès de leurs enfans qui souffrent :

— Venez, Clary, venez, mon enfant, je veux vous montrer le portrait du fameux marquis de Rio-Santo.

Mistress Mac-Nab ne savait rien des soupçons conçus par Stephen contre le marquis, relativement à l'enlèvement des deux jeunes filles. Elle avait acheté à sa porte une de ces lithographies plus ou moins ressemblantes, qui se vendent dans Londres à cent mille exemplaires pendant et après chaque procès célèbre. Elle s'était dit : cela distraira Clary.

Clary la suivit aussitôt comme d'habitude, et descendit au parloir où Anna, debout devant la lithographie déployée, admirait déjà ces nobles traits, dont le maladroit crayon d'un artiste infime n'avait pu détruire entièrement la magnifique harmonie.

Du premier coup d'œil, Clary reconnut Edward. Son cœur se gonfla de joie, mais elle renferma en elle-même son émotion et ne changea point de visage.

— Voyez, Clary, dit mistress Mac-Nab ; — ce gentleman a voulu tuer le roi, les ministres et tous les membres du Parlement... Le révérend Josuah Butler, qui sait toutes ces choses, me l'a encore dit hier... N'a-t-il pas l'air d'un grand scélérat, mon enfant ?

Clary ne répondit pas.

— Il est bien beau ! murmura sa sœur ; — je ne croyais pas qu'il pût y avoir d'homme aussi beau que cela !

Clary se prit à sourire et lui serra doucement la main. — Puis, tout à coup elle eut un frisson et prononça tout bas :

— Ne met-on point à mort ceux qui veulent tuer le roi ?

— Oui, oui, ma pauvre fille, répondit mistress Mac-Nab ; — sans doute on les met à mort... C'est aujourd'hui même qu'on va juger ce brigand...

— Où juge-t-on ? demanda Clary.

Il y avait long-temps que Clary n'avait prononcé tant de paroles. Anna et mistress Mac-Nab échangèrent un regard d'espoir.

— On juge dans Old-Bailey, chère fille, répondit cette dernière.

Clary passa un doigt sur son front.

— Je sais où est Old-Bailey, dit-elle après un silence ; — et, quand on a jugé, où met-on ceux qui vont mourir ?

— A la prison de Newgate, mon amour.

— Je sais où est Newgate, dit encore Clary ; — madame ajouta-t-elle, en s'adressant à sa tante qu'elle nommait sa mère autrefois, — voulez-vous me donner ce portrait ?

— Ce portrait et tout ce que vous voudrez, chère enfant.

Clary saisit aussitôt la lithographie et remonta précipitamment l'escalier de sa chambre.

Ce jour et le lendemain, elle parut moins triste et on la vit plus d'une fois sourire.

— Nous la sauverons! disait mistress Mac-Nab.

— Dieu vous entende, ma mère! répondait Anna.

Le soir dont nous parlons, c'est-à-dire le surlendemain de la condamnation du marquis, Clary avait passé la plus grande partie du jour à sa fenêtre, profitant de tout instant où la tendresse de sa sœur n'épiait point ses mouvemens pour contempler le portrait du marquis.

Lorsqu'elle le regardait, il y avait en elle

comme un flux de vie. Ses beaux yeux retrouvaient ce feu voilé, cette ardeur pudique où, pour la première fois, Stephen vit se refléter, à l'église du Temple, le mystérieux amour qui, inconnu de tous et soigneusement enfoui dans le cœur de la vierge, fut pourtant l'une des causes les plus efficaces des événemens de ce récit. Sa taille se redressait dans toute sa richesse d'autrefois. Elle redevenait la gracieuse et vivante jeune fille, toute pleine de sève et de chaleur, que nous avons vue, distraite, hélas! déjà par la pensée d'Edward, chanter des psaumes et prier Dieu dans le chœur de Temple-Church.

La brune venue, Clary devint pensive et devança de beaucoup l'heure habituelle de se mettre au lit. Elle pria sa sœur de faire comme elle, et Anna, toujours disposée à suivre les moindres volontés de la malade, se coucha vers neuf heures.

A dix heures elle dormait.

Clary retenait son souffle et gardait de son côté une immobilité complète. Mais elle ne dormait pas, et ses yeux grands ouverts, comme nous l'avons vu, épiaient le sommeil d'Anna.

Au bout de quelques minutes, elle souleva ses couvertures par un mouvement presque insensible et sortit doucement du lit. — Elle était tout habillée.

Anna ne s'éveilla point. Clary prit à la main

ses bottines afin de marcher sans bruit, ouvrit la porte et descendit l'escalier.

Elle oublia d'embrasser sa sœur. — Il y avait sur son cœur comme sur son esprit un voile épais et lourd, au travers duquel son amour seul pouvait pénétrer.

Lorsqu'elle arriva au rez-de-chaussée, la vieille Betty veillait encore et vaquait à quelques travaux d'office. Clary se glissa dans le parloir et s'y cacha.

Elle attendit patiemment que Betty fût couchée; puis, lorsqu'elle jugea que la vieille servante devait être endormie, elle prit la clé de la porte extérieure qu'elle ouvrit, et se trouva seule, à onze heures et demie de la nuit, sur le trottoir désert de Cornhill.

— Je sais bien où est Newgate ! murmura-t-elle ; — je le savais autrefois.

Elle essaya de s'orienter et demeura un instant indécise au seuil même de la maison de sa tante. Puis, soudainement entraînée par quelque incertaine lueur qui traversa son intelligence troublée, elle prit sa course et disparut à l'angle de Poultry.

A cette même heure, l'honnête, minutieux et incorruptible porte-clés, Noll Brye, venait de visiter en personne le cachot où le marquis de Rio-Santo attendait, couché sur la paille, l'exécution de sa sentence. Il va sans dire qu'on prenait à l'égard du noble prisonnier des précautions d'autant plus multipliées qu'il avait manifesté en plein prétoire l'intention d'éviter l'échafaud. Or, l'échafaud ne s'évite, lorsqu'on a passé le seuil de ce lugubre cabanon nommé « la chambre de l'attente, » que par le suicide ou l'évasion.

L'autorité, qui craignait également l'un et l'autre, avait placé dans le cabanon même où Rio-Santo était aux fers, un homme sûr et vigoureux, présenté par le propre intendant du métropolitan-police, S. Boyne, esq.

C'est ici ou jamais le cas de dire que trop de précautions nuit.

L'homme sûr et vigoureux, cautionné par

S. Boyne, esq., était l'Écossais Randal Grahame, choisi par la Famille pour conduire au dedans de Newgate une tentative d'évasion que les lords de la Nuit, S. Boyne en tête, favoriseraient au dehors.

Mais ceux qui connaissent Newgate savent qu'une évasion de la *chambre d'attente* présente d'énormes difficultés.

— Etes-vous prêt, milord? dit Randal lorsque le pas lourd du vieux Noll Brye eut cessé de se faire entendre au dehors.

— Je suis prêt, répondit Rio-Santo qui se souleva sur son lit de paille.

Randal s'approcha de la fenêtre donnant

sur la rue de Newgate et lança à travers les massifs barreaux de fer une demi-couronne qui rendit un son argentin en tombant sur le pavé.

Aussitôt, de l'angle de Giltspur-Street, un miaulement aigu se fit entendre.

— Ils sont là, dit Grahame. Allons, O'Breane, voici le moment de nous séparer... Ecoutez... Il est certain que je n'eusse pas fait pour mon père ce que je vais faire pour vous... Si vous ne me revoyez plus, il faudra penser quelquefois au pauvre Randal, O'Breane.

— J'y penserai comme à un ami cher et dévoué, répondit le marquis avec émotion; —

mais pourquoi parler ainsi Grahame ? Nous nous reverrons certainement.

Randal secoua la tête.

— Je connais le *casse-cou*, dit-il ; — autant vaudrait se jeter du haut de la tour de Saint-Dunstan sur le pavé... Mais vous avez raison, Fergus, reprit l'Ecossais en affectant une gaîté subite ; — on en revient, après tout, puisque Jack Shepar (1) en est bien revenu.

---

(1) Jack Shepar, l'un des héros les plus renommés du calendrier de Newgate. On voit encore, dans la petite geole de la prison donnant sur Old-Bailey, les énormes fers qui servaient à ce célèbre bandit ; ces fers semblent avoir été forgés pour un géant. — Jack Shepar s'échappa de Newgate la veille du jour fixé pour son éxécution, et franchit sur un poney, au grand galop, le casse-cou (*break-neck*) de Green-Arbour-Court, dont nous donnerons tout à l'heure la description. Jack Shepar ne se fit point mal, mais cinq policemen qui le poursuivaient se brisèrent le crâne.

— Je n'ai jamais vu ce casse-cou, comme vous l'appelez, murmura Rio-Santo ; — y a-t-il donc vraiment danger de mort ?

— Oui et non, O'Breane, oui et non... Si on avait des ailes, on pourrait s'en tirer comme il faut... C'est un escalier de soixante marches, taillé à pic et au bas duquel s'élève le mur de pierre d'une maison... S'il fallait s'y risquer en plein jour, le cœur manquerait, mais il fait nuit... Allons, Fergus ! à la besogne.

— Mais, dit encore celui-ci, — qui vous force à prendre ce périlleux chemin ?

— Ma foi, milord, répliqua l'Écossais, vous devez penser que ce n'est pas par choix que je le prends... Les shérifs, voyez-vous, tiennent à Votre Seigneurie comme à la prunelle de leurs yeux. Ils ont établi des postes à toutes les issues. Il y en a dans Ludgate-Hill, dans Fleet-Lane et au bout de Cheapside... Un seul point nous reste ouvert, c'est Skinner-Street et la cour de l'Arbre-Vert, qui sont gardés par des policemen du choix de M. Boyne. Or, une fois dans Green-Arbour-Court, il faut en sortir.

Rio-Santo mit son front entre ses mains et réfléchit durant quelques secondes.—Au bout de ce temps, il se leva, laissant sur la paille ses fers minés d'avance, et serra la main de Randal.

— Merci, dit-il. Pour moi je n'accepterais pas votre dévoûment,—mais j'ai entamé le combat, et ma défaite creuserait davantage l'abîme où souffrent mes frères...

— A la besogne ! répéta Randal ; — je vous dirai, moi, que je me moque de vos Irlandais comme du shah de Perse, et que si je donne mon sang pour quelqu'un, c'est pour vous tout seul, O'Breane !

Il déboutonna rapidement son habit et détacha une corde de soie roulée autour de ses reins. Cela fait, il arracha sans efforts deux des barreaux de la fenêtre qu'il avait limés lui-même dans la soirée. — L'un de ces barreaux, passé en travers de ceux qui restaient, servit à fixer solidement la corde.

Randal prit ces diverses mesures avec

sang-froid et précision, de même qu'il avait avait parlé de Green-Arbour et du casse-cou sans emphase, de même encore qu'il avait énoncé son intention de mourir pour Rio-Santo d'un ton simple, dépourvu d'enthousiasme et d'exaltation.

Et pourtant, à moins qu'on ne remonte au gouffre des Curtius ou au saut de Leucate, jamais chance de mort plus certaine n'avait été bravée par un homme avec connaissance de cause et de préméditation. Le casse-cou de Green-Arbour-Court présente une rampe effrayante à mesurer de l'œil ; on ne le descend qu'avec lenteur et en prenant des précautions qui n'empêchent pas les accidens de s'y multiplier tous les jours.

Randal prétendait descendre cet escalier à cheval, par une nuit sombre.

Comme il l'avait dit, au bas de l'escalier se dressait et se dresse encore un mur de pierres qui semble placé là pour ôter jusqu'à la plus mince possibilité de tenter avec succès l'entreprise méditée par Randal.

Son but était de frayer un passage au marquis de Rio-Santo, d'éloigner les différens postes qui veillaient aux alentours de New-gate, en les attirant sur sa propre trace. Or, pour agir efficacement en ce sens, il fallait conduire la chasse le plus loin possible, et la cour de Green-Arbour est tout près de la prison.

Randal espérait peut-être *en revenir*, pour

employer son style, mais nous devons dire qu'il ne se faisait point illusion et que la perte du temps employé par les policemen à reconnaître son cadavre, — au cas où il resterait mort au pied du casse-cou, — entrait positivement en ligne de compte dans son calcul, touchant les probabilités de l'évasion du marquis.

On peut trouver des dévoûmens plus chaleureux et plus bavards que le sien, mais point de plus entier, point de plus réfléchi.

Quand la corde de soie fut solidement fixée, Randal se tourna vers le marquis et lui tendit la main.

— Au revoir, dit-il; profitez du moment et souvenez-vous de moi

Il se glissa lestement entre les barreaux et fut à terre en un clin d'œil.

La sentinelle de la porte de la Dette entendit le bruit de sa chute et cria : Qui vive?

Au lieu de répondre, Randal prit sa course vers Giltspur-Street. A l'angle de cette rue, un cheval était préparé. — Randal sauta en selle.

— Alerte! cria la sentinelle : — Le condamné s'évade!

L'effet de ce cri fut magique. Les pierres des maisons voisines semblèrent se transformer instantanément en hommes de police. Randal tourna par Skinner-Street, ne poussant son cheval qu'autant qu'il le fallait pour n'être pas atteint, et se gardant bien de le mettre au galop. Le policeman qui faisait sentinelle à l'entrée de Green-Arbour-Court joua une scène que nous connaissons déjà, pour l'avoir vu représenter dans l'entrepont du *Cumberland*, lors de l'évasion des *convicts*, en rade de Weymouth, par Paddy O'Chrane et ses compagnons. Le policeman, à l'approche de Randal, se laissa choir sur le pavé, en criant miséricorde, comme s'il eût reçu un choc violent.

Randal passa, poursuivi de près par tous les surveillans échelonnés autour de Newgate. Arrivé au milieu de la cour, il frappa de ses deux talons le ventre de son cheval. On le vit, à la lueur de l'unique lanterne suspendue au bout de l'obscur passage, partir comme un trait et disparaître au haut du casse-cou.

Les policemen s'arrêtèrent — Ils entendirent le sabot du cheval heurter les premières marches de l'escalier. — Puis ce fut un bruit sourd, le roulement d'un corps lancé avec violence sur une rampe âpre. — Puis enfin, ce fut un son étouffé, pesant, suivi d'un mortel silence.

Il courut un frisson d'horreur parmi les hommes de police.

Après un moment d'hésitation, ils détachèrent la lanterne de la cour et commencèrent à descendre l'escalier avec précaution. Dès les premières marches, ils rencontrèrent des traces de sang. Au bas du casse-cou, dans la ruelle étroite et sans nom qui redescend dans la street, ils trouvèrent un sanglant et informe pêle-mêle. Le cheval avait été littéralement broyé.

Mais il n'y avait là que les débris du cheval. Les hommes de police eurent beau chercher, ils ne découvrirent rien qui ressemblât à un cadavre humain. Rien, pas même un lambeau de vêtement.

Ils se regardèrent, désappointés, puis ils battirent les ruelles environnantes, au dessous du casse-cou.

Ils ne songèrent point à battre Green-Arbour-Court lui-même, parce qu'il était réellement peu probable que le prisonnier eût remonté après sa chute les soixante marches du *break-neck*.

Pendant cela, Newgate-Street restait complétement désert, et il n'y avait plus dans Old-Bailey que la sentinelle de la porte de la Dette.

Quand nous disons désert, nous parlons seulement par rapport aux gens de la police, car il se trouvait aux environs de la prison plusieurs personnes que la fuite de Randal n'avait point éloignées. C'étaient d'abord les hommes de la Famille, cachés dans Giltspur-Street, et le cavalier Bembo, qui tenait par la bride un excellent et vigoureux cheval de selle.

C'était ensuite une jeune femme vêtue de noir qui se tenait immobile à l'angle de Skinner-Street.

Au moment où Randal avait piqué des deux, cette jeune femme venait d'arriver par Ludgate-Hill et Old-Bailey. Elle avait examiné le visage du fugitif à la lueur des réverbères, et avait murmuré :

— Ce n'est pas lui !

Puis son regard, où il y avait de l'égarement, s'était promené le long des murailles noires de la prison.

— Je savais bien que je trouverais Newgate, murmura-t-elle ; mais comment arriver jus-

qu'à lui !... Comme ces pierres sont tristes...
Et qu'il doit faire froid derrière ces grands
murs !...

Clary, — c'était elle, — serra autour de sa
taille, en frissonnant, les plis de son écharpe
et ramena son voile sur son visage.

A ce même instant, M. le marquis de Rio-
Santo, suivant le même chemin que Randal
Grahame, se laissait couler le long de la corde
de soie et atteignait le sol sans accident. Aussi-
tôt qu'il eut touché terre, il se glissa vers
Giltspur-Street.

— A vous, signore ! dit une voix sous l'en-
foncement d'une porte.

Bembo détacha en toute hâte la bride du cheval et la tendit à Rio-Santo.

— Qui vive ? cria la sentinelle d'Old-Bailey.

— En selle, milord ; en selle! dit Bembo.

Rio-Santo lui ouvrit ses bras et le jeune Italien s'y jeta tout attendri.

— Qui vive ? dit encore la sentinelle.

Rio-Santo enfourcha son cheval et tourna, au pas, l'angle de Giltspur-Street.

Clary leva son voile et le reconnut.

Sans dire une parole, elle s'élança vers lui et s'attacha aux plis de son manteau. — L'angle de la rue interceptait la lumière du gaz. Le marquis abaissa son regard sur cette femme vêtue de noir et crut reconnaître la comtesse.

— Est-ce vous, Ophelia? murmura-t-il.

— C'est moi, répondit faiblement Clary.

— Vous voulez me dire adieu?...

— Je veux aller où vous allez... Je veux vous suivre toujours... toujours!

Rio-Santo se pencha, puis se releva, entourant de son bras la taille flexible de la pauvre Clary...

Puis, au moment où la sentinelle criait son dernier qui vive, le marquis enfonça ses éperons dans le ventre de son cheval, qui bondit sous son double fardeau et partit comme un trait.

XXXII

LA VOIX DES RÊVES.

Le cheval du marquis de Rio-Santo allait comme le vent. Le voyage se faisait en silence; mais Clary, forcée de se serrer contre Edward, était heureuse.

C'était son rêve, son beau rêve qu'elle avait fait durant sa captivité chez le docteur Moore.

Elle respirait avec délices l'air froid de la nuit qui venait frapper son front brûlant. Elle regardait fuir de chaque côté, comme de féeriques chimères, les masses sombres des maisons et les brillantes lignes dessinées par le gaz.

Où allait-elle? — Ah! ceci importait peu. — Dût Edward la conduire où le fantôme de Bürger conduit la pauvre Lénore, Clary n'eût point cessé de sourire.

On perdit bientôt de vue les maisons de Londres. — Au premier village de la route d'Ecosse, le marquis descendit de cheval.

Une chaise de poste était préparée par les soins de Bembo. Le marquis y monta avec Clary.

Ce fut un étrange voyage. M. le marquis de Rio-Santo n'avait pas tardé à s'apercevoir de sa méprise et aussi de l'état où se trouvait sa belle compagne. Quelques mots de Clary le mirent sur la voie, et il apprit en même temps son nom et sa qualité de sœur d'Anna, la charmante quêteuse de Temple-Church. Le marquis avait éprouvé pour la plus jeune des filles du laird, sans la connaître, un de ces fougueux et passagers amours qui avaient chez lui la durée d'un caprice et la force d'une passion; mais dès qu'il sut la naissance d'Anna, sa tendresse devint autre et se partagea également entre les deux sœurs.

Il avait pardonné à Angus dont il connaissait le faible esprit. Les filles d'Angus étaient les siennes.

Durant toute la route, il traita miss Mac-Farlane comme un père eût traité un enfant chéri. Mais, par l'effet involontaire de l'impression vive et profonde produite sur lui naguère par la vue d'Anna, le marquis, dans l'entretien décousu et bizarre qu'il eut avec Clary, prononça plusieurs fois le nom de sa jeune sœur. Chaque fois, ce nom tombait comme un fardeau sur le cœur de Clary. — Elle était alors jalouse comme dans son rêve, et le complet bonheur qu'elle ressentait de la présence d'Edward se changeait en amère angoisse.

Rio-Santo se rendait à Sainte-Marie de Crewe, où devaient le rejoindre Waterfield, Smith, Falkstone, Bembo et Randal, — si Randal était encore de ce monde. Malgré le tendre intérêt que lui inspirait Clary Mac-Farlane, cette créature si belle et si malheureuse, dont la folie était de l'aimer, Rio-Santo donnait bien souvent son esprit, comme on le pense, aux graves intérêts qu'il avait en main. Infatigable et non vaincu, pour n'avoir pu vaincre lui-même, il combinait de nouveaux plans de bataille et recommençait sur de nouveaux frais cette longue et implacable guerre qu'il avait déclarée à l'Angleterre.

En somme, son plan subsistait. L'échec qu'il venait d'éprouver retardait ses coups et ne les parait point.

Il avait toujours par devers soi, à part même sa volonté ferme et son génie, des ressources accumulées pendant quinze ans.

Le fait seul d'avoir recouvré sa liberté, le replaçait redoutable et robuste comme devant, en face de son ennemi, étonné encore de son audacieuse attaque.

Cependant il ne se dissimulait point que, dans semblable guerre, n'avoir pu vaincre du premier coup est une condition fatale dont il faut éluder les résultats. Il ne comptait pas frapper une seconde fois tout de suite un adversaire puissant et sur ses gardes.

Savoir attendre est le propre des hommes forts, et Rio-Santo avait attendu vingt ans déjà..

Et pendant ces vingt ans, il avait calculé son assaut de telle sorte que, sans la trahison de son meilleur ami, nul ne peut dire quelle portion des institutions anglaises, quelle parcelle de l'Angleterre elle-même eût résisté à l'explosion.

Or, la mine n'était point comblée; elle demeurait chargée et le jour devait revenir où l'on pourrait y mettre le feu.

Tandis que le marquis roulait en lui ces pensées, Clary le regardait avec admiration ; elle ne bougeait pas et s'enfonçait à plaisir dans son extase.

On franchit la frontière d'Écosse. Là s'arrêtaient les relais ménagés par la *Famille*. Le marquis fut obligé de monter à cheval de nouveau et de prendre Clary en croupe.

Mars commençait. C'était une de ces journées où le printemps et l'hiver se disputent l'atmosphère incertaine. Le soleil avait jeté dans l'air une chaleur molle et inusitée, sous laquelle les arbres avaient ouvert leurs bourgeons avant l'heure et qui avait relevé les touffes affaissées du gazon, cette riche fourrure de la terre.

La nuit descendait, précédée par une brise tiède qui déroulait au ciel les ondes orageuses de grands nuages gris, épais, changeans et tourmentés par les mystérieux conflits des électricités contraires. — Clary, dont le système nerveux n'avait point encore repris son assiette, subissait énergiquement les effets de cette température anormale. Elle avait d'abord éprouvé une excitation générale, un flot de vie et de bien-être avait coulé dans ses veines, puis la réaction était venue ; sa fine taille s'était affaissée sous le poids d'un malaise invincible.

En un certain moment, Rio-Santo sentit les bras qui l'entouraient faiblir et se relâcher. Il se retourna sur la selle. Clary était pâle comme une statue de marbre et avait les yeux fermés.

Il restait alors à peine un demi-mille à faire pour arriver au château de Crewe. Néanmoins, le marquis crut devoir arrêter son cheval et déposer Clary sur le bord du chemin. — La terre était bien froide. Le marquis étendit son manteau sur l'herbe et déboucla la selle de son cheval dont il fit un oreiller à Clary, après avoir eu la précaution d'ôter des fontes ses pistolets qu'il jeta sur le gazon.

Clary demeura d'abord immobile.

Puis elle rouvrit les yeux et jeta autour d'elle des regards charmés.

Elle reconnaissait l'Ecosse et ces lieux souvent visités lui rappelaient son enfance; — mais ils lui rappelaient encore un autre souvenir... le rêve, le rêve douloureux où elle avait vu Edward entre elle et sa sœur Anna.

— Elle n'est pas là aujourd'hui, murmura-t-elle avec une joie inquiète; — dites, Edward... elle ne doit point venir, n'est-ce pas?

Rio-Santo comprenait que la pauvre fille était en proie aux premières atteintes d'une hallucination, mais il ne savait point ce dont elle voulait parler.

— Nous sommes seuls, répondit-il, — tout près de la maison de votre père, Clary.

— Mon père! répéta miss Mac-Farlane: — Oui, oui, Edward... La ferme de Leed est de l'autre côté de la montagne... C'est là que nous serons bien heureux...

Elle s'arrêta et reprit en baissant la tête:

— Si ma sœur ne vient pas, comme l'autre fois!

Elle garda le silence durant quelques secondes et appuya son front brûlant sur la main que le marquis lui tendait.

— L'autre fois! poursuivit-elle. — Oh! si vous saviez combien j'ai souffert, Edward!... J'avais été heureuse tout le jour, comme aujourd'hui, heureuse de vous voir et d'entendre votre voix, heureuse de m'appuyer sur vous... Que sais-je?... Et la nuit venait comme maintenant... Ah! oui... c'est bien cela!... Nous étions ici, je pense... Vous, à la place où vous êtes... moi, à celle où je suis... Mon Dieu! mon Dieu! va-t-elle venir encore?

— Non, chère enfant, répondit à tout hasard Rio-Santo : — je vous promets qu'elle ne viendra pas.

— Merci... merci, murmura Clary. — Pourrait-elle aimer autant que moi?...

Ce dernier mot expira dans son gosier et fut suivi d'un cri plaintif. — Tout son corps tressaillit violemment et ses yeux s'ouvrirent.

démesurément distendus par une subite et inexplicable épouvante.

— Pitié!... pitié! dit-elle d'un ton bref et saccadé; — la voilà... Pitié!... Ne vous mettez pas à ses genoux comme l'autre fois... Ne me repoussez pas ainsi... Edward!... Oh! que vous êtes cruel de m'oublier et de l'aimer!...

— Clary!... ma chère Clary, disait le marquis en essayant de la calmer.

Mais la jeune fille, dominée de plus en plus par son délirant transport, haletait, s'agitait, sanglotait. — Le marquis avait peine à contenir ses convulsifs efforts.

— Vous me repoussez? reprit-elle d'une voix pleine de larmes déchirantes; — vous lui

souriez... vous la serrez contre votre cœur
Ah!!! prenez garde!... C'est ici.. c'est ici
que Blanche tua Bertram de Jedburgh... pour
un baiser.

Elle joignit les mains avec angoisse.

— Pour un baiser! répéta-t-elle... Ah!...
vous aussi!... vos lèvres touchent les siennes!!!...

Un éclair de fureur désordonnée scintilla
dans son œil. Elle se rejeta soudainement en
arrière et sa main rencontra par hasard le canon froid de l'un des pistolets...

Son geste fut rapide comme la pensée.

Une détonation se fit dans le silence de la campagne solitaire.

M. le marquis de Rio-Santo tomba frappé par la balle en pleine poitrine.

Clary, la pauvre insensée, poussa un cri de terreur et s'enfuit.

La prophétie du laird se trouvait accomplie; la voix des rêves avait dit vrai : c'était, suivant l'emphase du langage biblique, si fort usité chez les Écossais, *le sang de ses veines, la chair de sa chair* qui mettait à mort son frère Fergus.

L'horizon n'était pas entièrement éteint encore. — M. le marquis de Rio-Santo, immobile et renversé la face tournée vers le ciel, ne poussait pas une plainte. Mais, aux dernières et incertaines lueurs du crépuscule, on aurait pu lire sur ses nobles traits l'expression d'une douleur amère et sans bornes.

Il se sentait mourir, — et il mourait vaincu.

Le seul homme qu'il eût aimé l'avait trahi. Il tombait sous les coups de la seule femme qu'il eût respectée.

N'est-ce pas un châtiment sans nom que d'être puni, non par ses fautes, mais pour le bien qu'on a fait?...

Le voile de la nuit s'épaissit. Bientôt on ne distingua plus ce cadavre qui se confondait avec la verdure sombre de l'herbe du chemin.

Mais lorsque la lune, passant par dessus la cime des taillis, vint éclairer de nouveau la scène, on vit, à sa blanche lueur, une femme agenouillée auprès du corps de M. de Rio-Santo.

Cette femme priait.

Elle semblait avoir passé depuis long-temps les limites de la jeunesse, et pourtant elle était bien belle encore. Il y avait autour de son front pâle comme une auréole de résignation sainte...

Cette femme était Mary Mac-Farlane, comtesse de White-Manor, qui venait de reconnaître dans le cadavre étendu sur le gazon Fergus O'Breane, son premier, son unique amour.

Quand elle eut achevé sa prière, elle mit la main sur le cœur de Fergus, qui ne battait plus.

La lune montait à l'horizon et tombait d'aplomb sur les traits du mor

Il n'y avait plus de douleur sur ces traits. Les paupières abaissaient leurs longs cils de soie sur des joues calmes. La ligne des sourcils ne tremblait pas ; la bouche semblait s'être close en un sourire.

En ce sourire rêveur, heureux, tout plein de mystérieuses joies, qui venait parfois naguère à la lèvre de M. le marquis de Rio-Santo, lorsqu'il isolait sa pensée de la foule et se repliait sur lui-même.

Avait-il, dans sa suprême extase, entrevu la porte du ciel?...

Mary Mac-Farlane se pencha et lui mit au front un baiser de sœur. — La lune voguait, nef éclatante, parmi l'azur du firmament; la brise chantait doucement dans le feuillage. — Cette mort était tranquille et belle, entourée des splendeurs silencieuses de la nuit et des élans purs de la prière.

Dans ce drame, il n'y avait pour nous qu'un homme.

Un homme au génie vaste et puissant, qui se riait des obstacles et pliait, en se jouant, toutes les volontés à la sienne.

Il était fort contre un empire. — Dieu courba son front sous la faible main d'une enfant...

Nous ne prendrons point souci de dire ce que devinrent les autres personnages de ce récit. — Nous dirons plutôt les vagues et mystérieux espoirs nourris par ceux qui aimaient Fergus O'Breane.

Nous les dirons, parce qu'ils prennent sur notre esprit un superstitieux pouvoir, et qu'il est des heures où les circonstances racontées de la mort de M. le marquis de Rio-Santo nous laissent un doute énergique parfois, et parfois nous trouvent incrédule...

Randal Grahame, qui s'était jeté à bas de son

cheval avant d'arriver au casse-cou de Green-Arbour-Court, la nuit de l'évasion, et qui est plein de vie, attend dans la maison de son père. Il reçoit parfois des messages lointains dont nul ne sait la source.

Le cavalier Bembo, devenu l'époux d'Anna Mac-Farlane, n'a pu lui donner son cœur et a dit : — Je ne m'appartiens pas tout entier.

Il attend comme Randal.

La comtesse de Derby, qui avait pris le deuil, a quitté le voile noir. — On la voit parfois sourire.

Elle attend.

Que peut attendre Ophelia, ce cœur subjugué, presque esclave ?...

— Que peuvent attendre Bembo et Randal Grahame, dont le dévoûment au marquis était si complet et si profond?. . . . . . .

. . . .

. . . .

De temps en temps, lorsque la politique tortueuse du cabinet de Saint-James s'endort et oublie de jeter entre les peuples des semences périodiques de haine, les nations s'entendent: un murmure de réprobation universelle s'élève; un nuage sombre s'amoncelle menaçant et obscurcit l'horizon britannique.

C'est la ruine qui se cache derrière ce nuage.

— et parfois il nous semble que du sein de cet orage va surgir, terrible et fort, et tenant en main la foudre, le génie de la tempête, — Fergus l'Irlandais, — le champion d'une haine immortelle.

A-t-il suffi de la main d'une jeune fille pour abattre ce géant qui, seul dans la balance, pesait autant qu'un empire ?...

Dieu a-t-il brisé ce levier puissant comme un instrument vulgaire ?...

Peut-être. — Peut-être aussi la lave s'amasse-t-elle au cratère du volcan éteint, attendant l'étincelle qui doit rallumer l'incendie.

Peut-être, lorsque l'heure du châtiment

aura sonné, reconnaîtra-t-on le combattant infatigable, debout, le pied sur la poitrine de l'Angleterre vaincue, et agitant, aux acclamations de l'univers, l'étendard relevé de l'Irlande...

FIN.

TABLE.

SUITE DE LA QUATRIÈME PARTIE.

XXII. — Anna.	3
XXIII. — Le Cabinet du Docteur.	37
XXIV. — La Chaîne.	73
XXV. — Avant la Bataille.	107
XXVI. — Le dernier pas.	145
XXVII. — Effet du froid sur une Émeute	175
XXVIII. — Lunatic-Asylum.	214
XXIX. — Le Cabanon.	245
XXX. — Le Verdict.	295
XXXI. — Le Casse-Cou	335
XXXII. — La Voix des Rêves.	371

En vente chez les mêmes Éditeurs.

LE DOCTEUR ROUGE

PAR JEAN LAFITTE,

Auteur des Mémoires de Fleury.

3 vol. in-8°. — Prix : 22 fr. 50 c.

LA JEUNESSE

D'ÉRIC MENWED

Roman historique, traduit du danois d'INGEMANN,

PAR W. DUCKETT.

4 vol. in-8°. — Prix : 30 fr.

LE ROMAN

DES

DUCHESSES

PAR

EUGÈNE CHAPUS.

2 vol. in-8. — Prix : 15 fr.

Paris. — Imprimerie de BOULÉ et Cⁱᵉ, rue Coq-Héron, 3.

www.ingramcontent.com/pod-product-compliance
Lightning Source LLC
Chambersburg PA
CBHW071903230426
43671CB00010B/1457